할 수 있다!

한글
NEO 활용

이 책의 구성

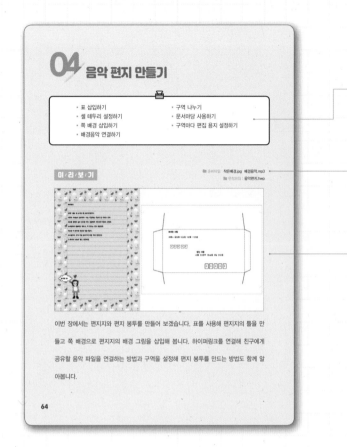

학습 포인트 ✐
이번 장에서 학습할 핵심 내용을 소개합니다.

준비파일 / 완성파일 ✐
본문에서 실습하는 파일명입니다. 시대인 게 시판에서 다운로드한 후 사용하세요.

미리보기 ✐
학습 결과물을 미리 살펴봅니다.

✐ **예제 따라 하기**
실생활에서 활용할 수 있는 예제를 순서대로 따라 할 수 있도록 구성하여 누구나 쉽게 이해하고 기능을 습득할 수 있습니다.

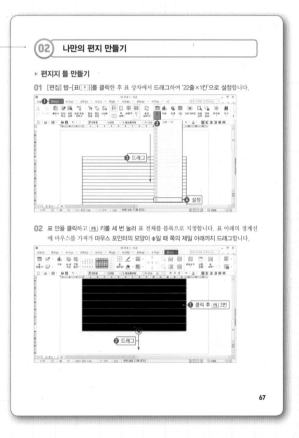

잠깐

본문에서 다루지 못한 내용이나 알아두면
유용한 내용을 설명합니다.

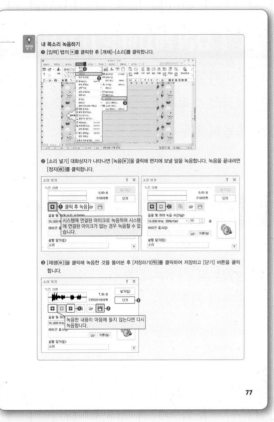

응용력 키우기

응용문제를 통해 본문에서 학습한 내용
을 정리하고 복습합니다.

힌트

응용문제를 푸는데 필요한 정보 또는 방
법을 안내합니다.

참고

'한글 NEO' 프로그램은 수시로 업데이트 버전이
제공되고 있습니다. 설치 버전에 따라 일부 기능
또는 이미지 표현이 교재와 다를 수 있습니다.

이 책의 목차

01 I 요리 레시피 문서 작성하기 다른 형식으로 저장   9

01 문서 작성 전 살펴보기   10

02 봉골레 스파게티 레시피 작성하고 저장하기   11

03 응용력 키우기   25

02 I 계획표 만들기 도형   26

01 격자에 대해 알아보기   27

02 도형으로 계획표 만들기   29

03 응용력 키우기   45

03 I 여행지 소개 보고서 만들기 문단 번호 & 개요   46

01 문단 번호와 개요에 대해 알아보기   47

02 개요를 사용해 문서 작성하기   49

03 응용력 키우기   62

04 I 음악 편지 만들기 구역   64

01 구역 나누기에 대해 알아보기   65

02 나만의 편지 만들기   67

03 응용력 키우기   83

05 I 가계부 만들기 계산식   85

01 계산식에 대해 알아보기   86

02 간편하게 계산하는 가계부 만들기   89

03 응용력 키우기   100

06 I 혈압 차트 만들기 차트   102

01 차트에 대해 알아보기   103

02 표를 활용해 차트 만들기   106

03 응용력 키우기   123

07 I 메모지 만들기 다단   125

01 다단에 대해 알아보기   126

02 단을 나눠 메모지 만들기   128

03 응용력 키우기   139

08 I 명함집 만들기 메일 머지   141

01 라벨과 메일 머지 알아보기   142

02 메일 머지로 명함집 만들기   145

03 응용력 키우기   156

09 I 저금통 전개도 만들기 글맵시   158

01 글맵시에 대해 알아보기   159

02 도형으로 저금통 전개도 만들기   161

03 응용력 키우기   175

10 I 신문 만들기 종합 정리   177

01 스크린 샷에 대해 알아보기   178

02 신문 형식 문서 만들기   180

03 응용력 키우기   196

예제파일 다운로드

1
시대인 홈페이지(www.edusd.co.kr)에 접속한 후 로그인합니다.
※ '시대' 회원이 아닌 경우 [회원가입]을 클릭하여 가입한 후 로그인합니다.

2
로그인을 한 후 홈페이지 상단의 메뉴에서 [프로그램]을 선택합니다.

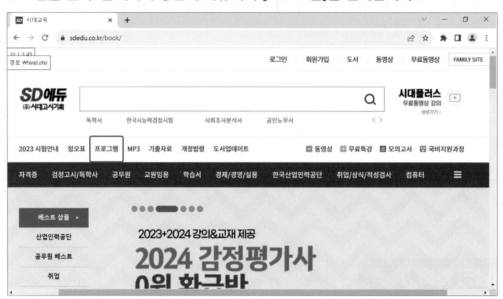

3
프로그램 자료실 화면이 나타나면 책 제목을 검색합니다. 검색된 결과 목록에서 해당 도서의 자료를 찾아 제목을 클릭합니다.

○ 프로그램자료실	ⓝ >자료실> 프로그램자료실

실기, 실무 프로그램 자료실
실기, 실무에 필요한 프로그램을 제공해 드립니다.

제목 ▼	할 수 있다! 한글 NEO 활용	🔍

전체 (1)　　　　　　　　　　　　　　　　　　　　　　　　　　　　　전체목록

[할 수 있다!] 한글 NEO 활용 ⓝ
발행일 : 2024-02-14　　작성일 : 2024-01-15　　　　　　　　⬇ 다운로드

관련 페이지가 열리면 '[할 수 있다!] 한글 NEO 활용' 첨부파일의 [다운로드] 버튼을 클릭하고 파일이 다운로드되면 [열기( )]를 선택합니다.

 컴퓨터 내의 압축 해제 프로그램을 활용하여 압축을 해제합니다. '[할 수 있다!] 한글 NEO 활용-예제파일.zip'이 압축 해제되면 교재의 준비파일과 완성파일이 폴더별로 제공됩니다.

시작 전에 살펴보기

한글 NEO 화면 구성 살펴보기

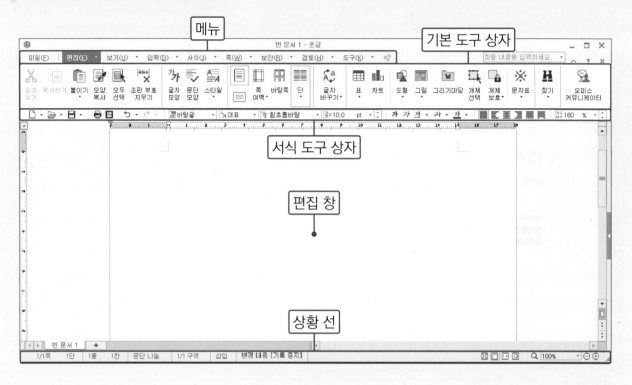

도구 상자 살펴보기

창의 크기에 따라 메뉴, 기본 도구 상자, 서식 도구 상자의 일부를 숨길 수 있습니다.

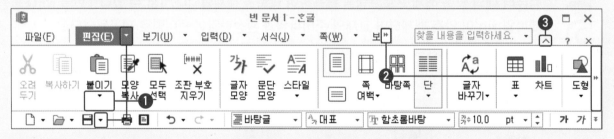

❶ 펼침 버튼 : 클릭하면 선택한 메뉴의 하위 메뉴가 표시됩니다.

❷ 옆으로 이동 : 창을 축소할 경우 나타나고 클릭하면 숨겨진 부분이 표시됩니다.

❸ 도구 상자 접기/펴기 : 클릭하면 기본 도구 상자와 서식 도구 상자를 숨기거나 표시합니다.

01 요리 레시피 문서 작성하기

- 빠른 내어 쓰기
- 특수 문자 삽입하기
- 쪽 배경 꾸미기
- PDF로 저장하기
- 그림으로 저장하기
- PDF 문서를 한글 문서로 변환하기

📁 준비파일 : 봉골레.jpg

📁 완성파일 : 봉골레 스파게티 만들기.hwp, 봉골레 스파게티 만들기.pdf, 봉골레 스파게티 만들기001.jpg

미 / 리 / 보 / 기

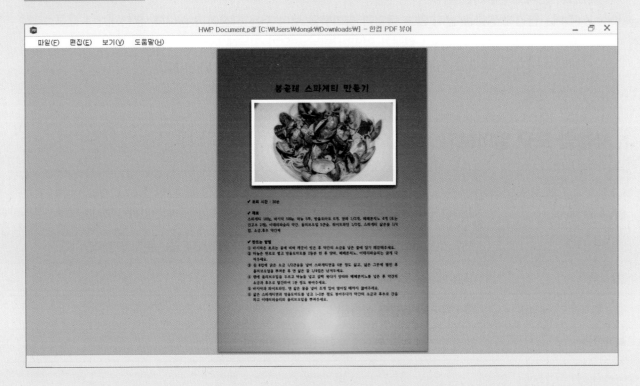

이번 장에서는 글자 모양 복사하기, 특수 문자 삽입하기 등 다양한 기능을 활용해 요리 레시피가 담긴 문서를 작성하고 여러 가지 파일 형식으로 문서를 저장해 보겠습니다. 나아가 PDF 문서를 한글 문서로 변환하는 방법까지 알아봅니다.

문서 작성 전 살펴보기

▶ PDF 문서

PDF(Portable Document Format)는 미국의 컴퓨터 소프트웨어 회사인 어도비(Adobe)에서 개발한 파일 유형입니다. PDF는 원본 문서의 글꼴, 이미지, 문서 형태 등을 그대로 유지하기 때문에 다양한 프로그램에서 동일한 형식으로 문서를 확인할 수 있습니다. 보안성이 높아 관공서, 기업, 연구소 등에서 문서를 배포할 때 많이 사용하고 있으며 어도비 아크로뱃 리더(Adobe Acrobat Reader) 프로그램을 설치하면 PDF 문서를 무료로 읽을 수 있습니다.

PDF 문서로 변환하는 이유
PDF는 환경에 영향을 받지 않고 동일한 결과물을 보여 주는 장점이 있습니다. 운영체제나 프로그램에 따라 문서의 글꼴이 깨지거나 형태가 엉망이 되는 경우가 있는데 PDF로 저장하면 문서에 포함된 글꼴이나 이미지가 없더라도 원본 문서 그대로 다른 사람에게 공유할 수 있습니다.

▶ 사용할 도구 알아보기

도구	설명
📝 (모양 복사)	클릭한 곳의 글자 모양이나 문단 모양, 스타일 등을 다른 곳에 간편하게 복사합니다.
※ (문자표)	분수, 발음기호, 화폐기호, 유니코드 문자와 같이 키보드에 없는 문자를 입력합니다.
🖼 (그림)	그림 파일을 문서에 삽입합니다.
▣ (쪽 테두리/배경)	쪽 테두리나 배경을 설정합니다.
🖨 (인쇄)	편집 화면에 있는 문서를 프린터로 인쇄합니다.

▶ 서식 지정하여 글 작성하기

01 한글()을 실행한 후 다음과 같이 입력합니다.

봉골레 스파게티 만들기

조리 시간 : 30분

[입력]

재료

스파게티 160g, 바지락 500g, 마늘 5쪽, 방울토마토 6개, 양파 1/2개, 페페론치노 4개 (또는 건고추 2개), 이태리파슬리 약간, 올리브오일 5큰술, 화이트와인 1/2컵, 스파게티 삶은 물 1/4컵, 소금, 후추 약간씩

만드는 방법

바지락은 흐르는 물에 비벼 깨끗이 씻은 후 약간의 소금을 넣은 물에 담가 해감해주세요.

마늘은 편으로 썰고 방울토마토를 2등분 한 후 양파, 페페론치노, 이태리파슬리는 굵게 다져주세요.

물 8컵에 굵은 소금 1/2큰술을 넣어 스파게티면을 6분 정도 삶고, 넓은 그릇에 펼친 후 올리브오일을 뿌려준 후 면 삶은 물 1/4컵은 남겨두세요.

팬에 올리브오일을 두르고 마늘을 넣고 살짝 볶다가 양파와 페페론치노를 넣은 후 약간의 소금과 후추로 밑간하여 1분 정도 볶아주세요.

바지락과 화이트와인, 면 삶은 물을 넣어 조개 입이 벌어질 때까지 끓여주세요.

삶은 스파게티면과 방울토마토를 넣고 1~2분 정도 볶아주다가 약간의 소금과 후추로 간을 하고 이태리파슬리와 올리브오일을 뿌려주세요.

02 제목글을 꾸미기 위해 '봉골레 스파게티 만들기'를 드래그하여 블록으로 지정한 후 서식 도구 상자에서 [글꼴]은 '양재소슬체S', [글자 크기]는 '24pt', [가운데 정렬(国)]로 설정합니다.

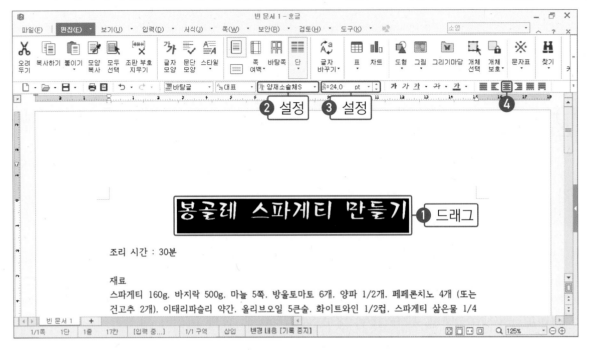

03 '조리 시간'을 드래그하여 블록으로 지정한 후 [글꼴]은 '맑은 고딕', [진하게(가)]로 설정합니다.

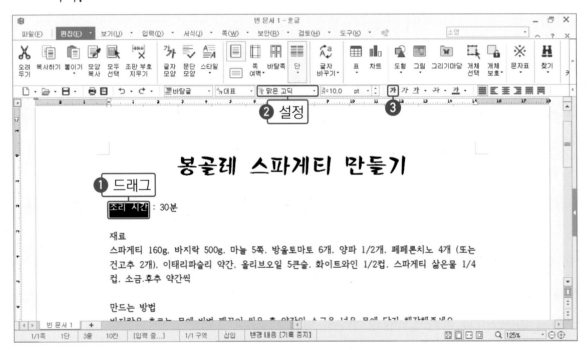

04 '조리' 뒤를 클릭한 후 [편집] 탭-[모양 복사(📋)]를 클릭합니다. [모양 복사] 대화상자가 나타나면 [본문 모양 복사]에서 '글자 모양'을 선택한 후 [복사] 버튼을 클릭합니다.

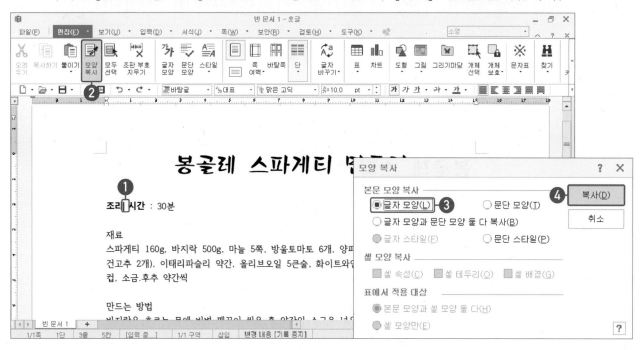

 [모양 복사] 바로 가기 키

모양을 복사할 곳을 클릭하고 Alt + C 키를 누르면 [모양 복사] 대화상자가 나타납니다. [모양 복사] 대화상자에서 복사할 모양을 선택한 후 복사하려는 글을 드래그하고 Alt + C 키를 누르면 복사한 모양이 적용됩니다.

05 '조리 시간'의 글자 모양을 적용하기 위해 '재료'를 드래그해 블록으로 지정한 후 [편집] 탭-[모양 복사(📋)]를 클릭합니다. '만드는 방법'도 드래그한 후 Alt 키와 C 키를 눌러 글자 모양을 적용합니다.

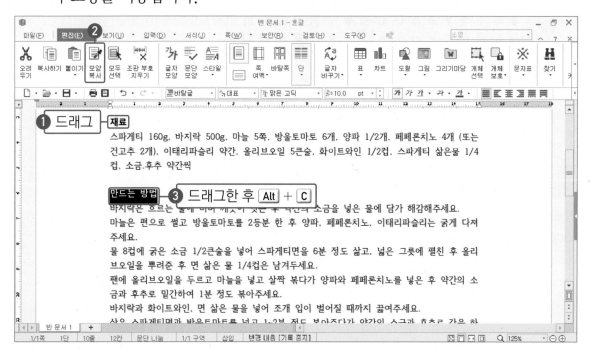

▶ 문자표 삽입하기

01 '조리 시간' 앞을 클릭하고 [편집] 탭–[문자표(문자표)]에서 [문자표]를 선택합니다.

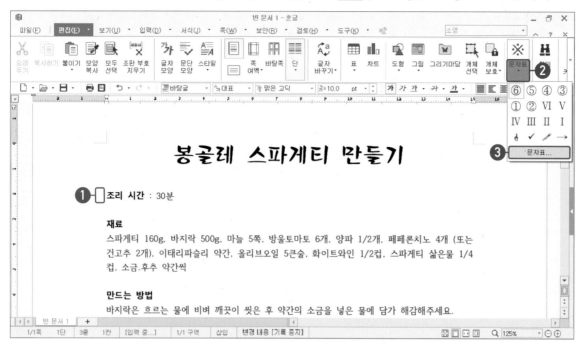

02 [문자표 입력] 대화상자가 나타나면 [사용자 문자표] 탭을 선택합니다. [문자 영역]에서 '특수기호 및 딩뱃기호'를 클릭하고 [문자 선택]에서 '✓'를 선택한 후 [넣기] 버튼을 클릭합니다.

 문자표

문자표를 이용해 다양한 문자를 입력할 수 있으며 [문자표 입력] 대화상자의 바로 가기 키는 Ctrl + F10 입니다. 직전에 입력한 문자를 다시 입력하려면 [편집] 탭–[문자표(※)]를 클릭합니다.

03 '재료' 앞을 클릭하고 [편집] 탭−[문자표(※)]를 클릭하여 '✓'를 삽입한 후 같은 방법으로 '만드는 방법' 앞에도 '✓'를 삽입합니다. 이어서 원 문자를 삽입하기 위해 '바지락은' 앞을 클릭하고 Ctrl 키와 F10 키를 눌러 [문자표 입력] 대화상자를 엽니다.

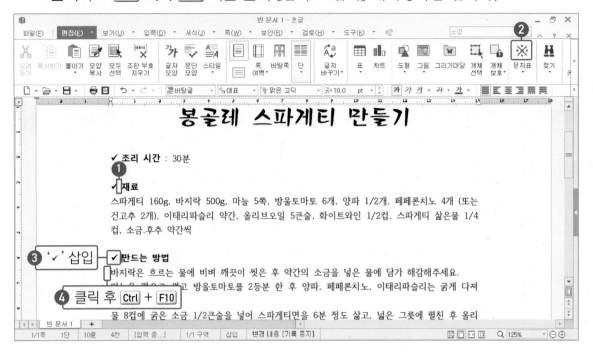

04 [문자표 입력] 대화상자가 나타나면 [사용자 문자표] 탭의 [문자 영역]에서 '원문자'를 클릭하고 [문자 선택]에서 '①'을 선택한 후 [넣기] 버튼을 클릭합니다.

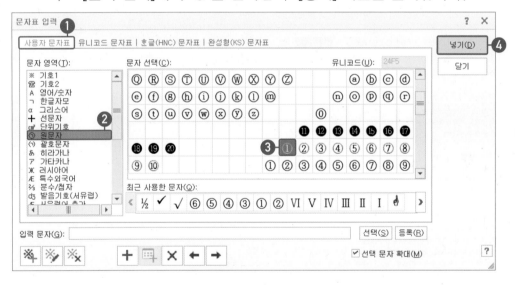

05 같은 방법으로 만드는 과정 앞에 '②~⑥'까지 원문자를 삽입합니다.

▶ 빠른 내어 쓰기

01 여러 줄로 입력했을 때 윗줄과 아랫줄의 위치를 맞추기 위해 빠른 내어 쓰기가 필요합니다. '마늘' 앞을 클릭하고 Shift + Tab 키를 눌러 '져주세요.'의 위치를 정렬합니다.

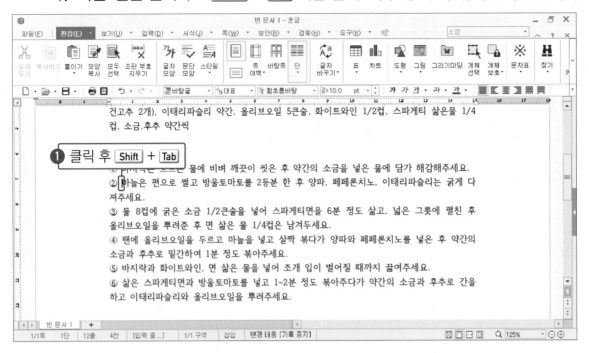

02 '③, ④, ⑥'의 아랫줄도 윗줄에 맞추기 위해 윗줄의 단어 앞을 클릭한 후 Shift + Tab 키를 눌러 정렬합니다.

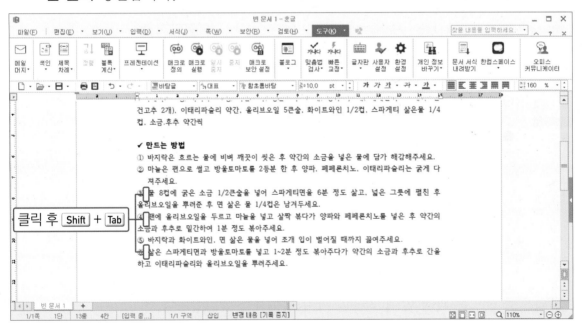

▶ 그림 삽입하기

01 '봉골레 스파게티 만들기' 뒤를 클릭하고 Enter 키를 눌러 빈 줄을 삽입합니다. 그림을 삽입해 위해 [편집] 탭-[그림(▣)]을 클릭합니다.

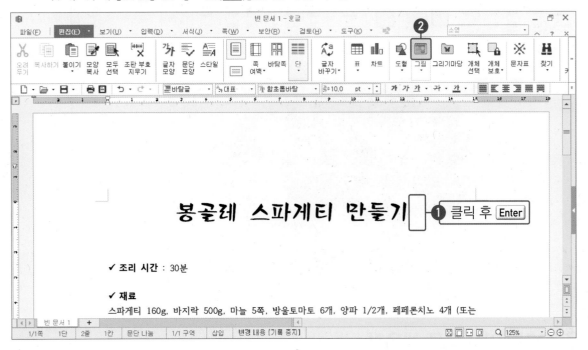

02 [찾는 위치]를 설정하고 '봉골레.jpg'를 선택합니다. '문서에 포함', '글자처럼 취급'에 체크하고 [넣기] 버튼을 클릭합니다.

문서에 포함

'문서에 포함' 항목에 체크한 후 그림을 삽입하면 그림 파일이 문서 안에 함께 저장되므로 그림 파일을 따로 보관하지 않아도 됩니다.

03 그림이 삽입되면 크기 조절점을 드래그하여 크기를 크게 조절한 후 [그림(🌷)] 탭의 그림
스타일에서 [회색 아래쪽 그림자]를 선택하여 삽입한 그림에 그림 스타일을 적용합니다.

▶ 배경을 '그러데이션'으로 채우기

01 [쪽] 탭–[쪽 테두리/배경(▣)]을 클릭합니다.

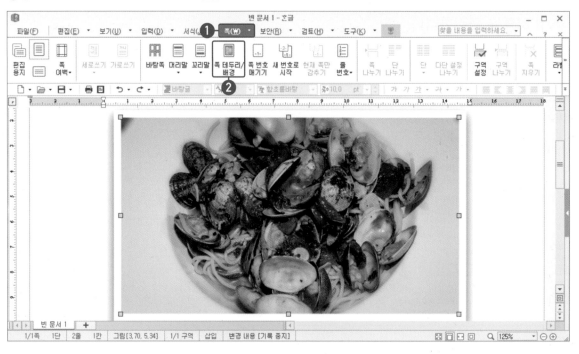

02 [쪽 테두리/배경] 대화상자가 나타나면 [배경] 탭을 선택한 후 [채우기]에서 '그러데이션'을
선택합니다. [유형]에서 '일출'을 선택하고 [설정] 버튼을 클릭합니다.

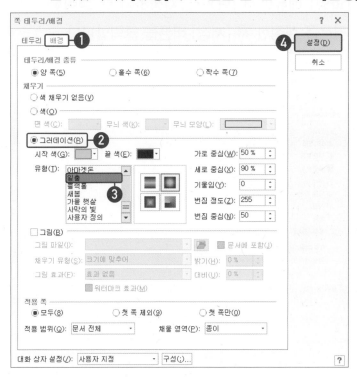

03 문서 전체를 확인하기 위해 [보기] 탭–[쪽 맞춤(□)]을 클릭합니다. 배경에 '일출' 유형의
노란색과 빨간색의 '그러데이션'이 아래에서 위로 표시됩니다.

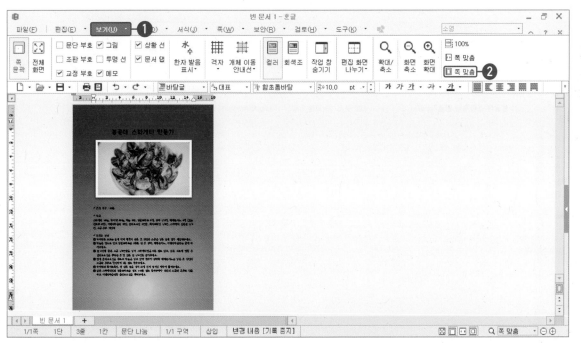

▶ PDF로 저장하기

01 한글 문서를 PDF로 저장하기 위해 [파일] 메뉴에서 [PDF로 저장하기]를 클릭합니다. [PDF로 저장하기] 대화상자에서 저장 경로를 설정한 후 [저장] 버튼을 클릭합니다.

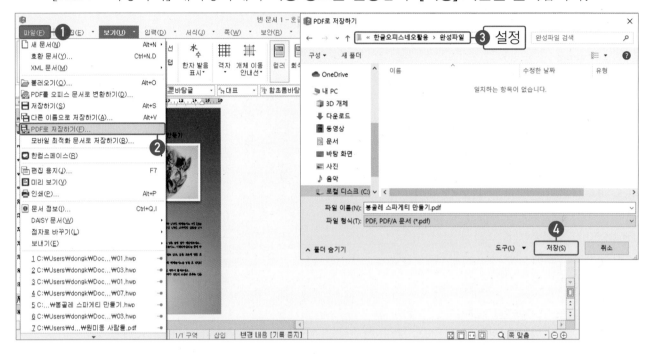

02 문서를 저장한 폴더를 열면 한글 문서가 '봉골레 스파게티 만들기.pdf'로 저장된 것을 확인할 수 있습니다.

[인쇄] 대화상자를 활용하여 PDF 문서 만들기

❶ 서식 도구 상자에서 [인쇄(🖶)]를 클릭합니다. 이후 [인쇄] 대화상자가 나타나면 [기본] 탭-[프린터 선택]에서 'PDF 저장'을 선택하고 [인쇄] 버튼을 클릭합니다.

❷ [다른 이름으로 PDF 저장] 대화상자에서 저장 경로를 설정한 후 [저장] 버튼을 클릭합니다. [한컴 PDF] 대화상자가 나타나고 변환이 완료되면 [열기] 버튼을 클릭합니다.

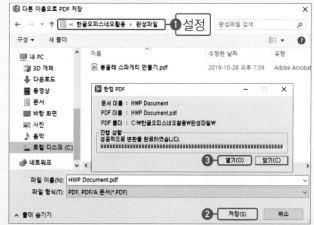

❸ [한컴 PDF 뷰어] 창에서 한글 문서를 PDF 문서로 볼 수 있습니다.

▶ 다른 파일 형식으로 저장하기

01 그림파일 형식인 'jpg'로 저장하기 위해 [파일] 메뉴에서 [다른 이름으로 저장하기]를 클릭합니다.

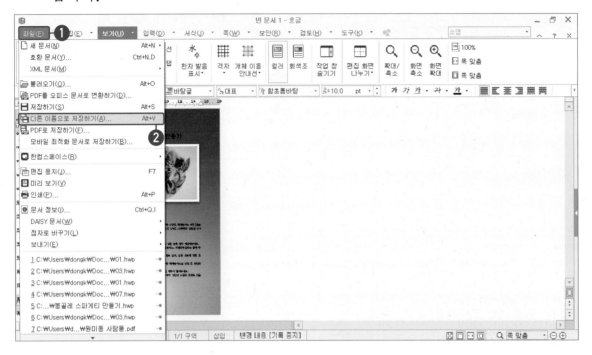

02 [다른 이름으로 저장하기] 대화상자에서 [파일 형식]의 ☑를 클릭해 'JPG 이미지(*.jpg)'를 선택하고 저장 경로를 설정한 후 [저장] 버튼을 클릭합니다.

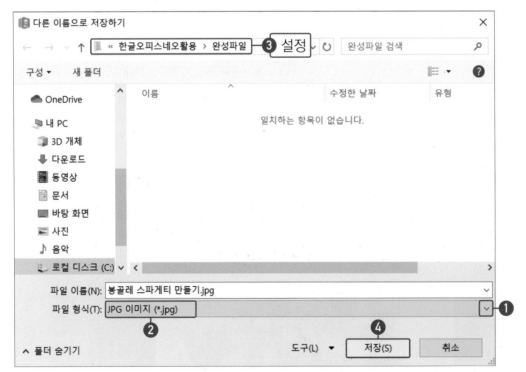

03 문서를 저장한 폴더에서 한글 문서가 '봉골레 스파게티 만들기001.jpg'로 저장된 것을 확인할 수 있습니다.

한글 문서를 이미지로 저장하기
여러 페이지의 한글 문서를 이미지로 저장할 경우 각각의 페이지가 이미지로 저장되면서 파일 이름 끝에 일련번호가 부여됩니다.

▶ PDF를 오피스 문서로 변환하기

01 PDF 문서를 한글 문서로 변환하기 위해 [파일] 메뉴에서 [PDF를 오피스 문서로 변환하기]를 클릭합니다.

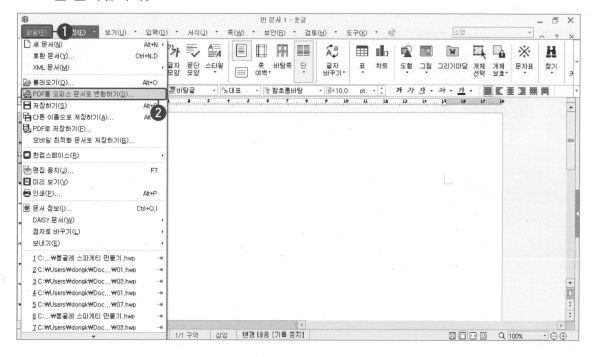

02 [PDF를 오피스 문서로 변환하기] 대화상자에서 한글 문서로 변환할 PDF 문서를 선택한 후 [열기] 버튼을 클릭합니다.

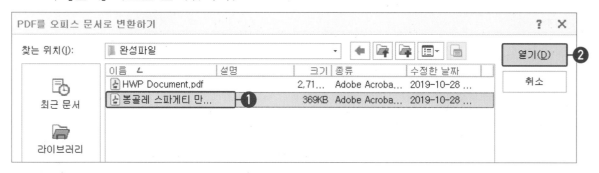

03 한글 문서로 변환하면 일부 속성이 변경될 수 있다는 경고창의 [확인] 버튼을 클릭합니다. 변환이 진행되는 창이 표시됩니다.

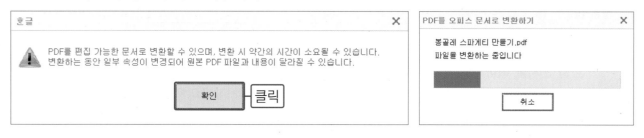

04 글꼴, 문서 형태 등이 변경되었지만 PDF 문서를 한글에서 편집할 수 있게 되었습니다. [보기] 탭-[쪽 맞춤(▣)]을 클릭하여 문서 전체를 확인합니다.

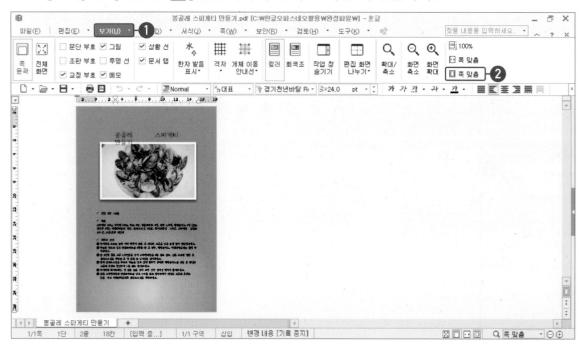

01 '스테이크.jpg'를 불러와 다음과 같이 문서를 만들고 파일 형식을 '인터넷 프레젠테이션 문서 (*.htm)'로 저장해 봅니다. ([인터넷 문서 종류] 대화상자는 그대로 두고 [확인] 버튼을 클릭합니다.)

준비파일 스테이크.jpg

- 편집 용지 : 폭 – 210mm, 길이 – 297mm
- 테두리 색 : 오피스 테마의 '탁한 황갈(RGB: 131, 77, 0)'
- 글꼴 : 맑은 고딕
- 글자 색 : 오피스 테마의 '빨강(RGB: 255,0,0)' 오피스 테마의 '파랑(RGB: 0,0,255)'
- 테두리 : 얇고 굵고 얇은 삼중선
- 테두리 굵기 : 2mm
- 글자 크기 : 32pt, 10pt
- ▶,♣ : 혼글(HNC) 문자표 – 전각 기호(일반)

스테이크 & 아스파라거스

♣ 재료 : 스테이크용 고기 4조각, 토마토6개, 양파1개, 아스파라거스 7~8개, 스테이크소스, 와인

♣ 만드는 방법
▸ 스테이트용 고기에 허브 솔트를 골고루 뿌려 냉장고에 1시간 숙성시켜줍니다.
▸ 숙성해두었던 고기를 굽습니다.
▸ 냉장고에 있던 아스파라거스를 소금 조금 뿌려 살짝 굽습니다.
▸ 접시에 담아 냅니다.

 [다른 이름으로 저장하기] 대화상자에서 파일의 형식을 선택할 수 있습니다.

02 문제 **01**에서 만든 문서를 [인쇄] 대화상자를 이용하여 PDF 문서로 저장해 봅니다.

02 계획표 만들기

- 격자 보기
- 격자 설정하기
- 원 그리기
- 개체 묶기와 풀기
- 도형 회전하기
- 그리기마당

미/리/보/기

■ 완성파일 : 계획표.hwp

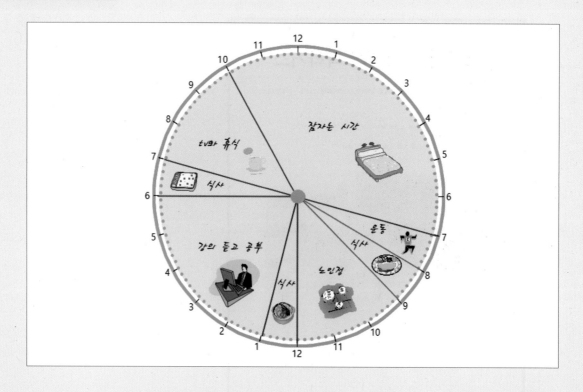

이번 장에서는 격자 보기를 활용해 계획표를 만들어 보겠습니다. 도형으로 계획표를 그린

후 중심점을 찾아 세밀하게 작업하는 방법, 회전각을 설정해 계획표를 균등하게 나누는

방법, 개체를 묶어 도형을 정확하게 배치하는 방법도 함께 공부해 봅니다. 계획표를 완성

한 후에는 그리기마당의 그림을 활용해 계획표를 예쁘게 꾸며 보겠습니다.

01 격자에 대해 알아보기

▶ 격자

격자(Grid)란 점이나 선이 바둑판처럼 규칙적으로 배열되어 있는 것을 의미합니다. 도형을 그리거나 그림을 편집할 때 [격자 보기]를 이용하면 비율과 간격을 맞춰 세밀하게 작업할 수 있습니다.

• **격자 보기** : [보기] 탭–[격자(격자)]–[격자 보기]를 선택하거나, [보기] 탭에서 [격자(▦)]를 클릭하면 점이나 선으로 이루어진 격자를 확인할 수 있습니다. [격자 보기]를 활용하면 도형이나 그림을 더 세밀하게 편집할 수 있습니다.

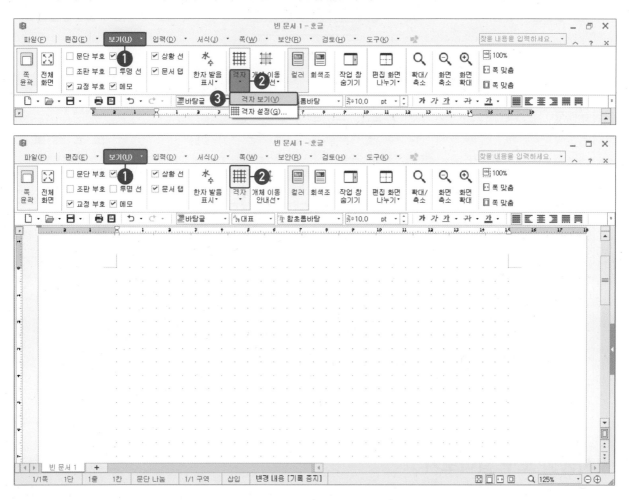

격자 숨기기

[보기] 탭에서 [격자(▦)]를 클릭하거나, [보기] 탭–[격자(격자)]–[격자 보기]를 선택하면 격자를 숨길 수 있습니다.

▶ 개체 이동 안내선

개체 이동 안내선은 최대 3×3 배열의 안내선입니다. 개체를 이동하거나 크기를 조절할 때 가로세로 비율과 중심에 맞춰 정확하게 이동할 수 있도록 도와줘 여러 개의 개체를 정렬할 때 사용하면 편리합니다.

- 개체 이동 안내선 보기 : [보기] 탭-[개체 이동 안내선(개체 이동 안내선)]-[개체 이동 안내선 보기]를 선택하거나, [보기] 탭에서 [개체 이동 안내선(▦)]을 클릭한 후 개체를 이동하면 개체 이동 안내선이 보입니다.

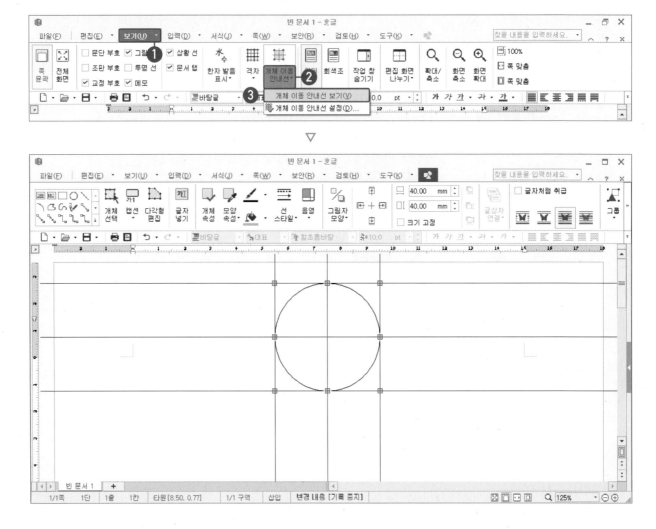

▶ 사용할 도구 알아보기

도구	설명
▦ (격자)	편집 화면에서 격자를 보이거나 숨깁니다.
▦ (개체 이동 안내선)	개체를 이동하거나 크기를 조절할 때 개체의 위치에 따라 안내선을 보이거나 숨깁니다.
☒ (그리기마당)	[그리기마당(☒)]에 등록된 그리기 개체나 클립아트를 문서에 삽입합니다.

도형으로 계획표 만들기

▶ 격자 설정하기

01 세밀한 작업을 하기 위해 [보기] 탭-[격자(격자)]-[격자 보기]를 클릭합니다.

02 점으로 이루어진 격자가 나타납니다. 격자를 가로/세로선으로 변경하기 위해 [보기] 탭-[격자(격자)]-[격자 설정]을 클릭합니다.

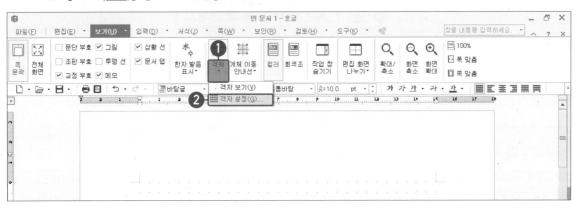

03 [격자 설정] 대화상자에서 [격자 보기]는 [가로/세로선(圓)], [격자 위치]는 '글 뒤', [격자 방식]은 '격자에만 붙이기'를 선택합니다. [격자 간격]의 [가로]와 [세로]를 '10mm'로 설정하고 [격자 기준 위치]는 '쪽'으로 선택한 후 [설정] 버튼을 클릭합니다.

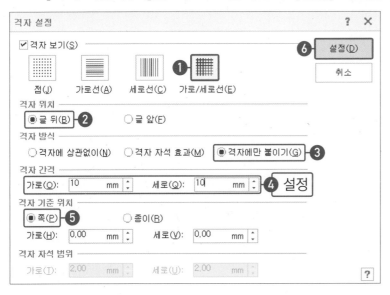

 잠깐

격자 방식
개체를 격자에 상관없이 그릴 것인지 격자에 맞춰 그릴 것인지 격자의 작동 방식을 설정할 수 있습니다.

▶ 원형 그리기

01 10mm 간격의 격자가 나타납니다. [입력] 탭에서 [타원(○)]을 선택한 후 Ctrl 키와 Shift 키를 누른 채 드래그하여 중심으로부터 커지는 원을 그립니다.

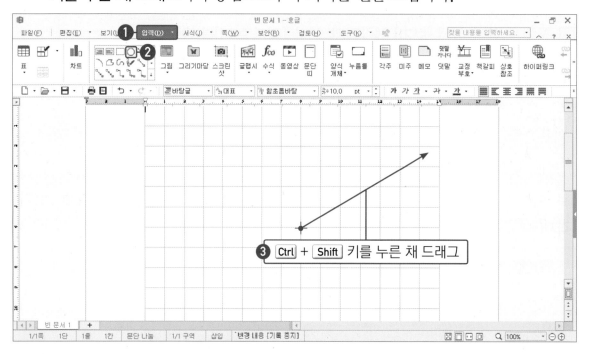

중심으로부터 커지는 원 그리기

원을 그릴 때 Ctrl 키나 Shift 키를 누르지 않으면 클릭한 점에서 마우스가 움직이는 방향으로 원이 그려집니다. Shift 키를 누른 채 드래그하면 클릭한 점에서 시작하는 '정원'을 그릴 수 있고, Ctrl 키를 누른 채 드래그하면 드래그한 방향의 반대 방향으로 길어지는 '타원'을 그릴 수 있습니다. Ctrl + Shift 키를 누른 채 드래그하면 클릭한 점을 중심으로 커지는 원을 그릴 수 있습니다.

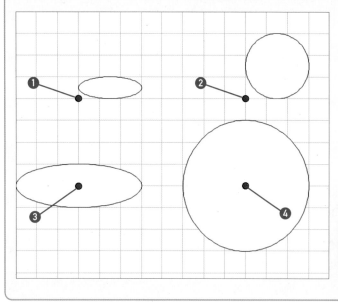

❶ Ctrl 키, Shift 키를 누르지 않은 채 드래그한 원
❷ Shift 키를 누른 채 드래그한 원
❸ Ctrl 키를 누른 채 드래그한 원
❹ Ctrl + Shift 키를 누른 채 드래그한 원

02 너비와 높이가 5cm일 때 손을 떼면 격자에 딱 맞게 원이 그려집니다. 원이 그려지면 [도형(⬛)] 탭-[채우기 색(🪣 ·)]의 ▾를 클릭한 후 [색 없음]을 선택합니다.

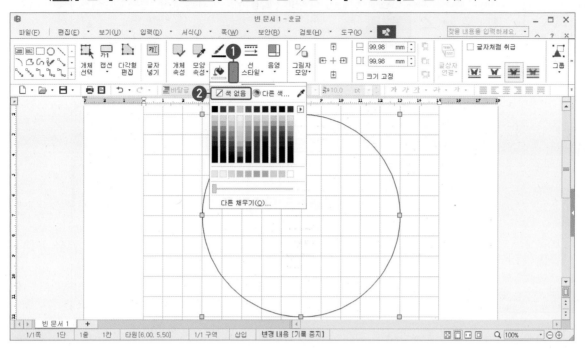

 [도형(⬛)] 탭

도형이 선택되어 있을 때만 [도형(⬛)] 탭이 활성화됩니다.

03 [도형(⬛)] 탭-[선 색(✏ ·)]의 ▾를 클릭한 후 오피스 테마의 '초록(RGB: 0,128,0) 20% 밝게'를 선택합니다.

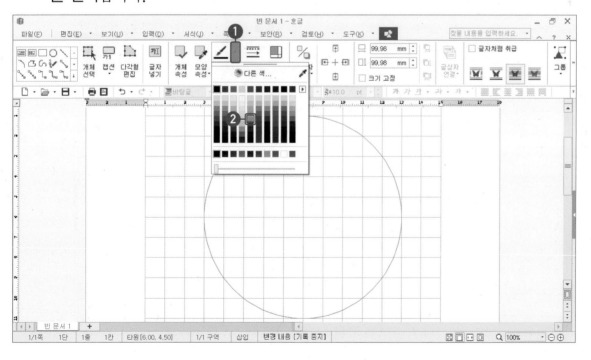

04 [도형(▨)] 탭–[선 스타일(▤)]–[선 굵기]에서 [1mm]를 선택합니다.

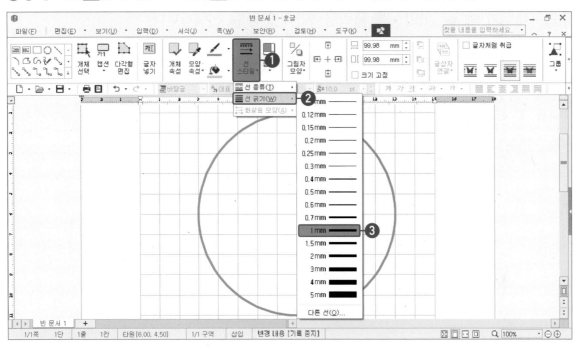

▶ 시간선 그리기

01 원이 선택된 상태에서 [도형(▨)] 탭–[직선(◥)]을 선택합니다.

02 원 안에서 드래그하여 다음과 같이 교차하는 두 개의 직선을 그립니다. 세로선을 클릭하고 Shift 키를 누른 채 가로선을 클릭한 후 [도형(▨)] 탭–[그룹(▨)]에서 [개체 묶기]를 선택합니다.

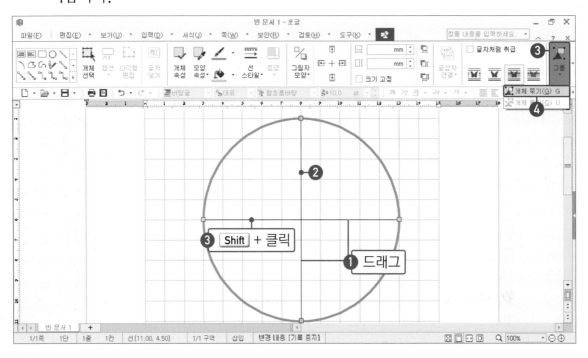

03 개체 묶기된 두 직선을 Ctrl + C 키를 눌러 복사하고 Ctrl + V 키를 눌러 붙여 넣은 후 [도형(□)] 탭-[개체 속성(□)]을 클릭합니다.

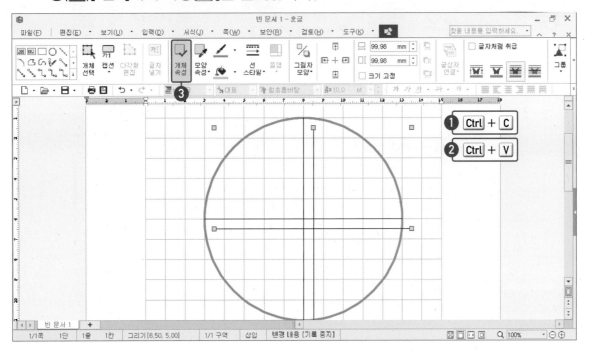

04 [개체 속성] 대화상자가 나타나면 [기본] 탭에서 [개체 회전]의 [회전각]을 '15°'로 설정하고 [설정] 버튼을 클릭합니다.

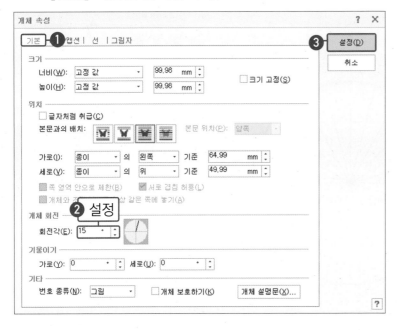

시간 회전각
하루는 24시간이므로 360°를 24로 나누면 15입니다. 따라서 각 시간은 15°씩 회전하게 됩니다.

05 15° 회전한 직선을 방향키를 사용하여 원의 중심에 맞게 이동합니다.

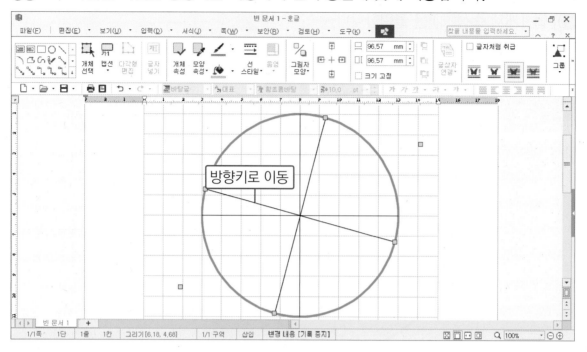

06 같은 방법으로 회전한 직선을 복사한 후 [개체 속성] 대화상자에서 [회전각]을 '30°', '45°', '60°', '75°'로 각각 설정하고 다음과 같이 원의 중심에 맞게 이동합니다.

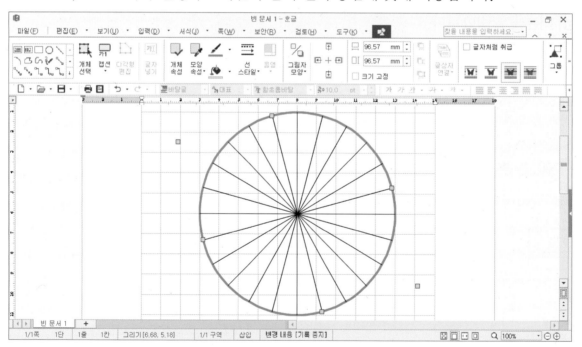

▶ 시간 입력하기

01 격자 방식을 변경하기 위해 [보기] 탭–[격자(격자)]–[격자 설정]을 클릭합니다.

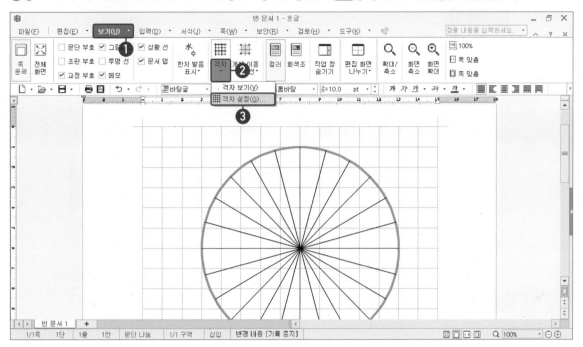

02 [격자 설정] 대화상자에서 [격자 방식]을 '격자에 상관없이'로 선택한 후 [설정] 버튼을 클릭합니다.

03 [입력] 탭–[가로 글상자()]를 클릭한 후 다음과 같이 드래그하여 가로 글상자를 그리고 [글꼴]은 '맑은 고딕'으로, [글자 크기]는 '9pt'로 설정한 후 '12'를 입력합니다.

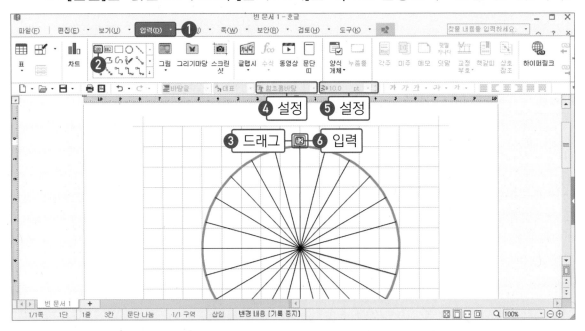

> 💡 **잠깐**
>
> **격자에 상관없이 배치하기**
> [격자 방식]을 '격자에 상관없이'로 변경하였기 때문에 격자와 상관없이 가로 글상자를 배치할 수 있습니다.

04 글상자를 선택하고 [도형(🖼)] 탭–[채우기 색(🎨)]의 ▼를 클릭해 [색 없음]으로 설정한 후 [도형(🖼)] 탭–[선 스타일(▤)]–[선 종류]에서 [선 없음]을 선택합니다.

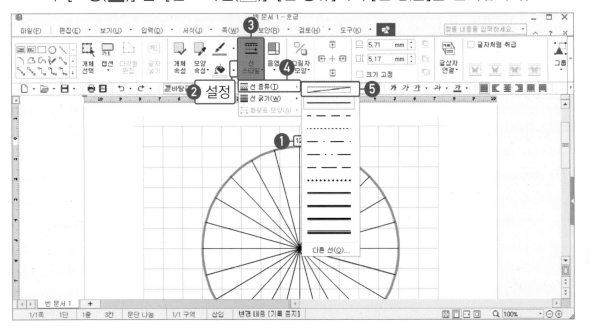

05 같은 방법으로 가로 글상자를 삽입해 다음과 같이 시간을 입력합니다.

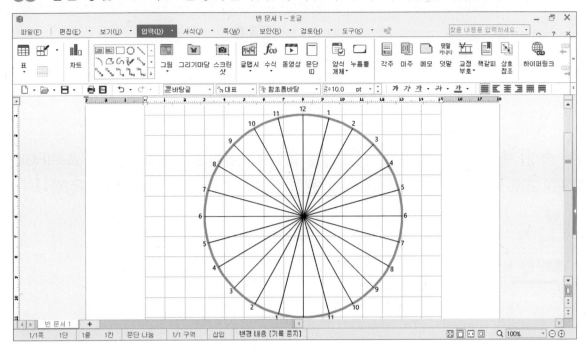

▶ 원 꾸미기

01 [입력] 탭에서 [타원(○)]을 선택한 후 중심에 커서를 위치시킨 후 Ctrl + Shift 키를 누른 채 드래그하여 중심으로부터 커지는 원을 바깥쪽 원보다 약간 작게 그립니다.

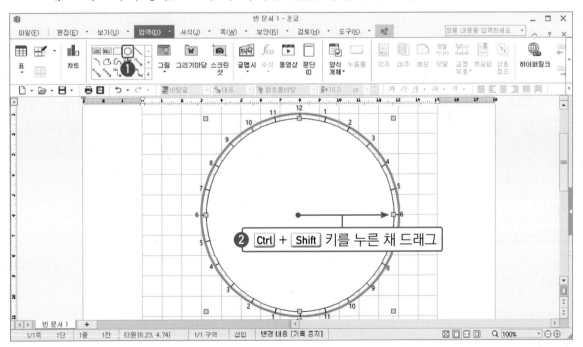

02 원을 꾸미기 위해 [도형(📷)] 탭-[개체 속성(▣)]을 클릭합니다.

03 [개체 속성] 대화상자가 나타나면 [선] 탭을 클릭하고 [색]은 오피스 테마의 '초록(RGB: 0,128,0) 20% 밝게'로 설정한 후 [종류]는 '원형 점선'으로, [굵기]는 '1mm'로 설정합니다.

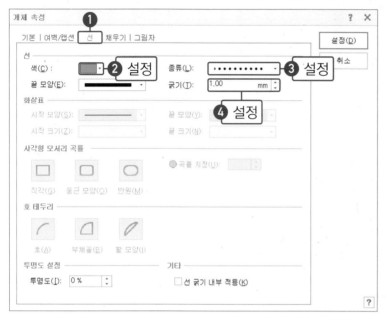

04 [채우기] 탭을 선택한 후 [면 색]은 오피스 테마의 '초록(RGB: 0,128,0) 90% 밝게'로 설정하고 [설정] 버튼을 클릭합니다.

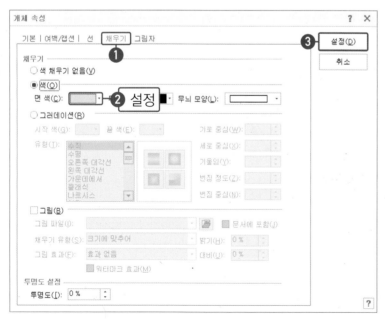

▶ 계획표 영역 나누기

01 [입력] 탭에서 [직선(◥)]을 선택합니다. 자신의 수면 시간에 맞춰 원의 중심에서부터 드래그하여 두 개의 직선을 그립니다.

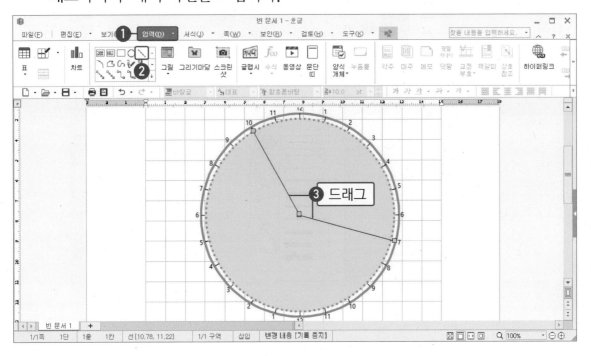

02 Shift 키를 누른 채 두 직선을 선택한 후 [도형(◪)] 탭-[선 색(◢ ▾)]의 ▾를 클릭하여 오피스 테마의 '탁한 황갈(RGB: 131,77,0)'을 선택합니다.

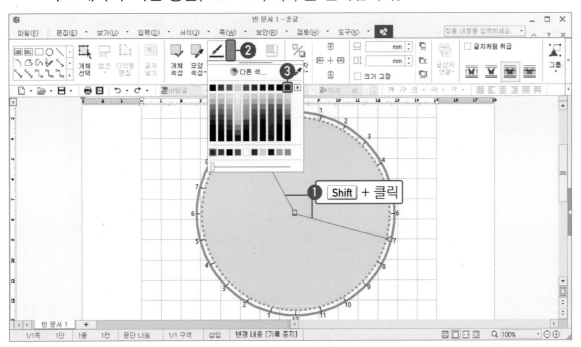

03 두 직선이 선택된 상태로 [도형(📷)] 탭-[선 스타일(🖹)]-[선 굵기]에서 [0.4mm]를 선택합니다.

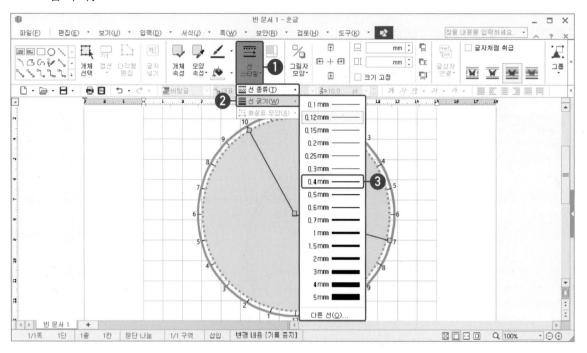

04 같은 방법으로 자신의 계획에 맞게 직선을 만들어 영역을 나누고 선 색을 바꿔 줍니다.

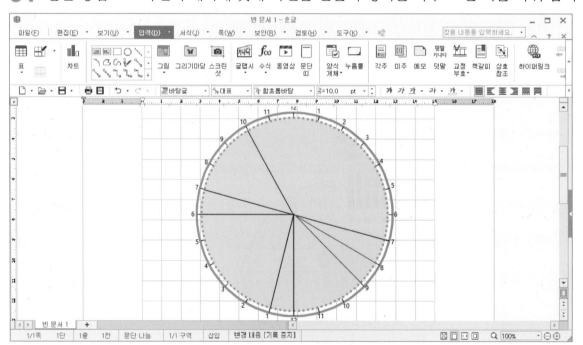

05 계획표 중심에 원을 만들기 위해 [입력] 탭에서 [타원(◯)]을 선택하고 중심에 커서를 위치시킨 후 `Ctrl` + `Shift` 키를 누른 채 드래그하여 중심점을 만듭니다.

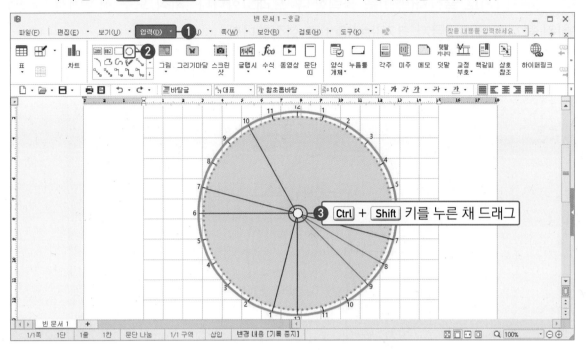

06 원을 선택한 상태로 [도형(▣)] 탭-[채우기(🖌 ▾)]의 ▾를 클릭한 후 오피스 테마의 '초록(RGB: 0,128,0) 20% 밝게'로 설정하고 [도형(▣)] 탭-[선 스타일(▤)]-[선 종류]에서 [선 없음]을 선택합니다.

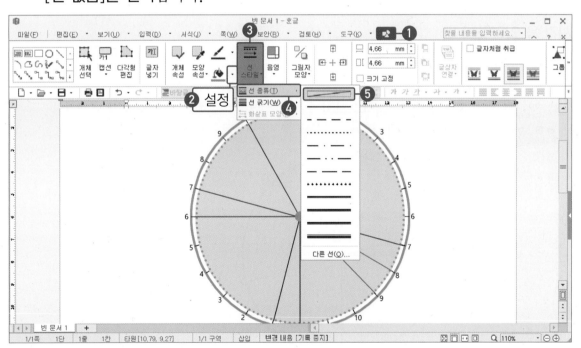

▶ 그리기마당으로 꾸미기

01 [입력] 탭에서 [가로 글상자(▤)]를 클릭한 후 드래그합니다. 서식 도구 상자에서 [글꼴]
은 '한컴 쿨재즈 B'로, [글자 크기]는 '13pt'로 설정합니다.

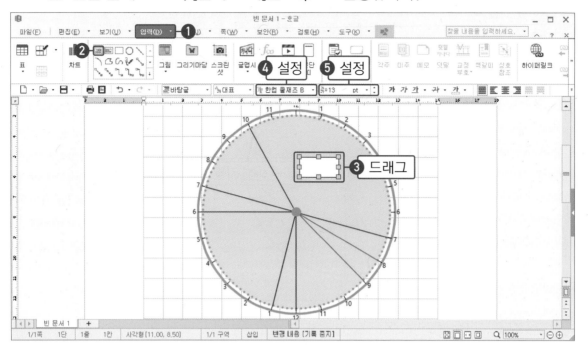

02 글상자를 선택한 상태로 [도형(▨)] 탭–[채우기(▨ ▾)]의 ▾를 클릭한 후 [색 없음]으로
설정합니다. [도형(▨)] 탭–[선 스타일(▤)]–[선 종류]는 [선 없음]으로 설정하고 '잠자
는 시간'을 입력합니다.

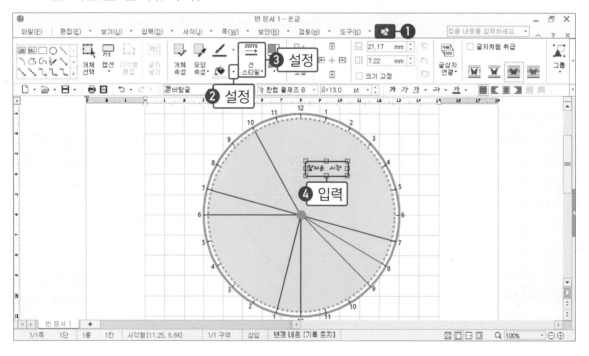

03 같은 방법으로 다른 계획표 영역에도 다음과 같이 입력합니다.

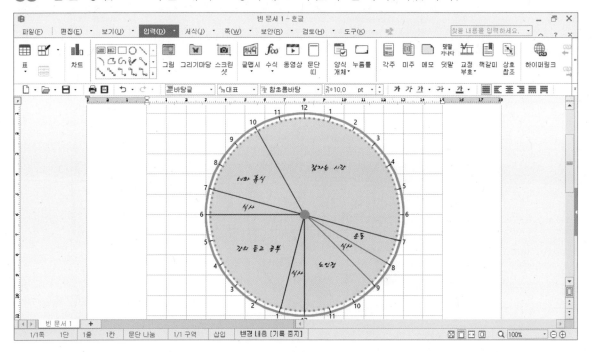

04 [입력] 탭-[그리기마당(■)]을 클릭합니다.

05 [그리기마당] 대화상자의 [그리기 조각] 탭-[선택할 꾸러미]에서 '생활(가구)'를 클릭하고 계획표 영역과 어울리는 그림을 선택한 후 [넣기] 버튼을 클릭합니다. 해당 영역에 드래 그하여 삽입합니다.

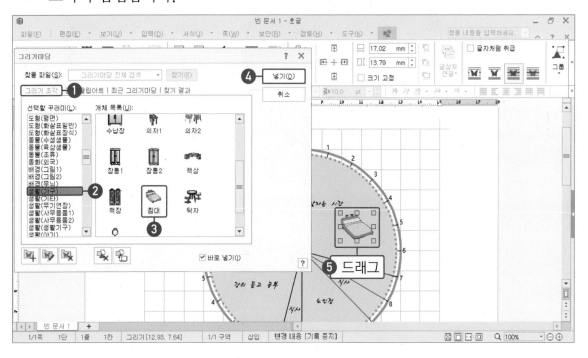

06 그리기마당에서 계획표 영역별로 어울리는 그림을 찾아 삽입하여 계획표를 완성합니다.

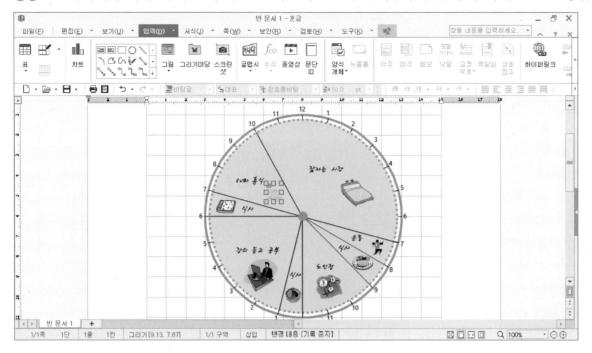

07 [보기] 탭-[격자(격자)]-[격자 보기]를 선택하여 격자를 숨긴 후 서식 도구 상자에서 [저장하기(目)]를 클릭하고 '계획표'라는 파일 이름으로 저장합니다.

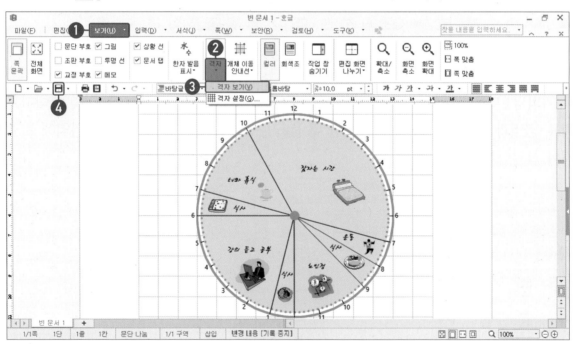

01 조직도를 그리기 위해 격자 보기를 설정한 후 다음과 같이 조직도를 그립니다.

- 격자 설정
  - 격자 방식 : 격자에만 붙이기
  - 격자 간격 : 가로/세로(5mm)

- 가로 글상자
  - 선 굵기 : 0.12mm
  - 글꼴 : 맑은 고딕
  - 글자 크기 : 10pt
  - 진하게

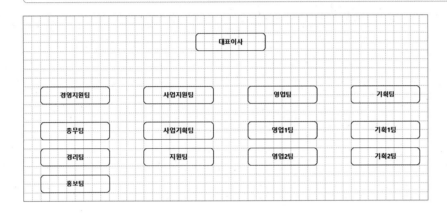

02 문제 **01**의 조직도를 다음과 같이 꾸민 후 꺾인 연결선으로 조직도를 완성합니다.

- 가로 글상자 및 꺾인 연결선의 선 색 : 오피스 테마의 '파랑(RGB: 0,0,255)'
- 가로 글상자 채우기 색 및 그림자
  - 대표이사 : 오피스 테마의 '파랑(RGB: 0,0,255) 40% 밝게'
  - 그림자 : 오른쪽 아래
  - 경영지원팀, 사원지원팀, 영업팀, 기획팀 : 오피스 테마의 '파랑(RGB: 0,0,255) 90% 밝게'

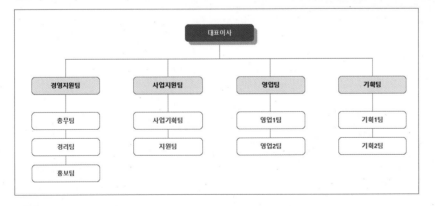

 그림자 모양은 [도형(■)] 탭–[그림자 모양(▨)]–[오른쪽 아래]를 클릭하여 설정합니다.

03 문제 **02**에서 만든 문서를 '조직도.hwp'로 저장해 봅니다.

03 여행지 소개 보고서 만들기

- 글상자 꾸미기
- 워터마크 효과 적용하기
- 문단 번호
- 개요 보기
- 상용구 등록하고 삽입하기
- 스타일 적용하기

미·리·보·기

📁 준비파일 : 여행.hwp, koln.jpg
📁 완성파일 : 여행소개.hwp

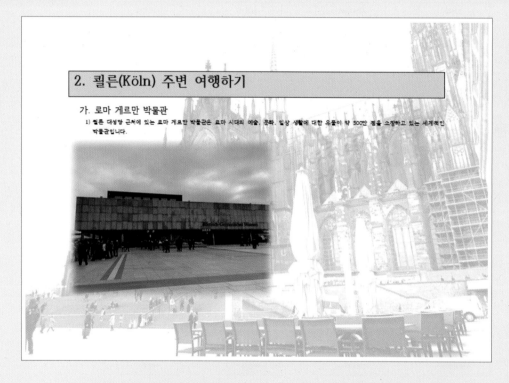

이번 장에서는 글상자를 활용해 제목글을 만들고 문단 번호를 이용해 목차를 작성하겠습니다. 상용구를 등록하고 사용하는 방법과 문단에 개요를 적용하는 방법, 개요의 스타일을 변경해 문서 전체에 적용하는 방법도 함께 알아봅니다.

문단 번호와 개요에 대해 알아보기

▶ 문단 번호란?

여러 개의 항목을 나열할 때 문단 머리에 번호를 매길 수 있습니다. 문단 번호는 '7수준'까지 단계별로 번호를 지정할 수 있고 문단 번호를 매긴 문장의 순서가 바뀌면 문단 번호도 자동으로 변경됩니다.

- 문단 번호 : 문단 번호를 넣을 곳을 클릭하거나 드래그하여 블록으로 지정하고 [서식] 탭-[문단 번호(▤)]의 ▾를 클릭한 후 원하는 문단 번호를 선택합니다.

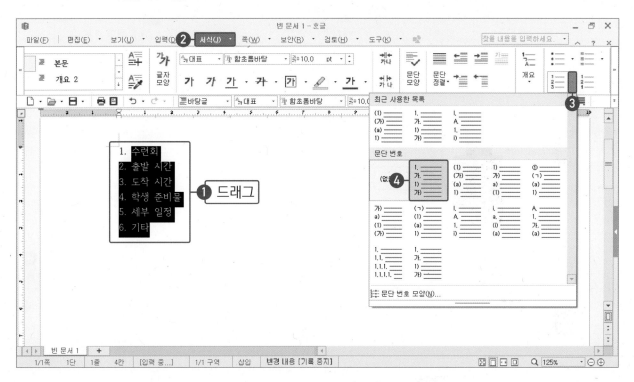

- 한 수준 감소 문단 번호 : 문단 번호를 한 수준 감소할 곳을 드래그한 후 [서식] 탭-[한 수준 감소(▤)]를 클릭합니다. 문단 번호가 '2수준'으로 바뀐 것을 확인할 수 있습니다. 계속해서 [한 수준 감소(▤)]를 클릭하면 '7수준'까지 설정할 수 있습니다.

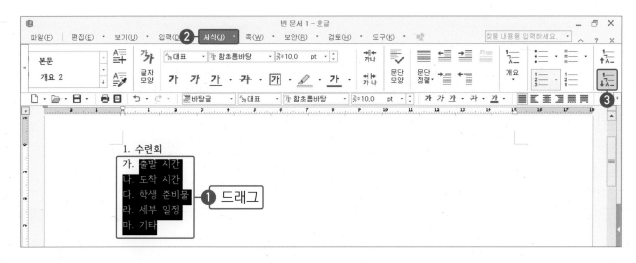

▶ 개요란?

개요는 문서의 목차를 정리해 놓은 것으로 개요를 훑어보면 문서를 끝까지 보지 않아도 어떤 내용이 있는지 대략적으로 알 수 있습니다.

- 개요 : 개요를 넣을 곳에 커서를 두거나 드래그하여 블록으로 지정하고 [서식] 탭-[개요(개요)]를 클릭한 후 원하는 개요 모양을 선택합니다. 한 수준 감소할 곳을 클릭하거나 드래그하여 블록으로 지정한 후 [한 수준 감소(冝)]를 클릭합니다. [개요 보기(▤)]를 클릭하면 문서 전체의 개요를 확인할 수 있습니다.

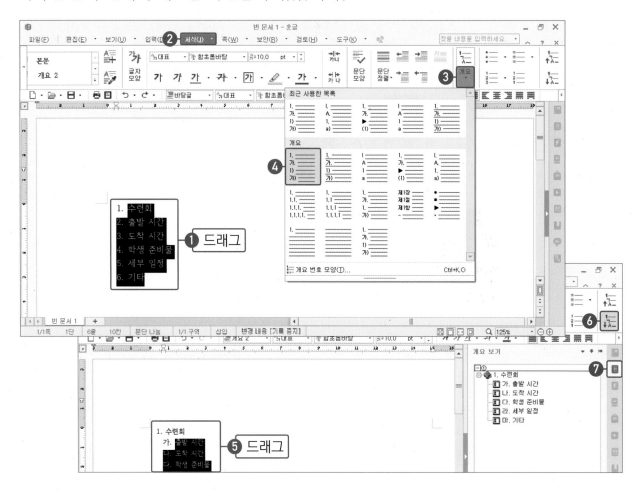

▶ 사용할 도구 알아보기

도구	설명
(문단 번호)	여러 개의 항목을 나열할 때 문단 머리에 문단 번호를 적용하거나 해제합니다.
(글머리표)	여러 개의 항목을 나열할 때 문단 머리에 글머리표를 적용하거나 해제합니다.
(그림 글머리표)	여러 개의 항목을 나열할 때 문단 머리에 그림 글머리표를 적용하거나 해제합니다.
(개요)	여러 개의 항목을 나열할 때 문단 머리에 개요를 적용하거나 해제합니다.
(한 수준 증가) (한 수준 감소)	개요나 문단 번호의 수준을 증가시키거나 감소시킵니다.

▶ **제목 페이지 만들기**

01 서식 도구 상자에서 [불러오기(📁)]를 클릭한 후 준비파일 '여행.hwp'를 불러옵니다.

02 제목글을 만들기 위해 [입력] 탭–[가로 글상자(▤)]를 클릭한 후 드래그하여 가로 글상자를 만듭니다.

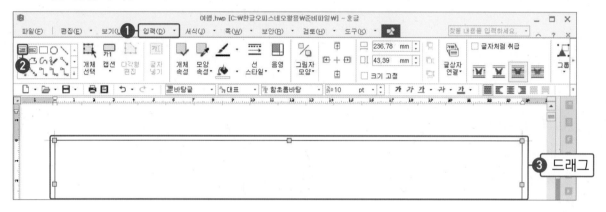

03 서식 도구 상자에서 [글꼴]은 '한컴 소망 B', [글자 크기]는 '72pt'로 설정하고 [글자 색]은 오피스 테마의 '검은 군청(RGB: 27,23,96)', [가운데 정렬(▤)]로 설정한 후 가로 글상자에 '쾰른 대성당에 가다'를 입력합니다. [도형(🖼)] 탭–[개체 속성(🔽)]을 클릭합니다.

04 [개체 속성] 대화상자가 나타나면 [기본] 탭에서 [위치]를 [가로], [세로] 모두 '가운데'로 설정합니다.

05 [선] 탭을 클릭하고 [색]은 오피스 테마의 '검은 군청(RGB: 27,23,96)', [굵기]는 '1mm'로 설정한 후 [사각형 모서리 곡률]은 [둥근 모양(□)]으로 선택합니다.

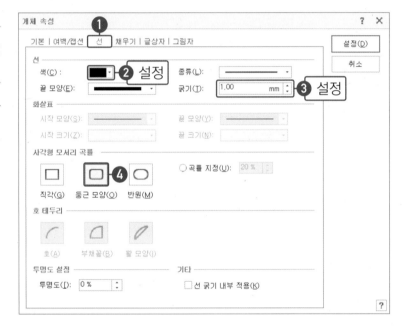

06 [채우기] 탭에서 '색'을 선택한 후 [면 색]은 오피스 테마의 '검은 군청(RGB: 27,23,96) 90% 밝게', [무늬 색]은 '검은 군청(RGB: 27,23,96)', [무늬 모양]은 '눈금무늬'로 설정하고 [설정] 버튼을 클릭합니다.

07 쪽 배경에 그림을 삽입하기 위해 [쪽] 탭-[쪽 테두리/배경(▣)]을 클릭합니다.

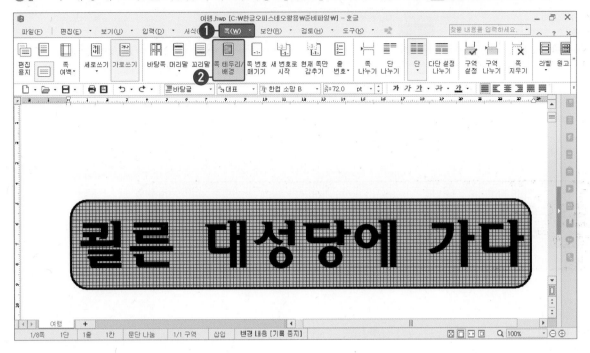

08 [쪽 테두리/배경] 대화상자의 [배경] 탭에서 '그림'에 체크한 후 [그림 선택(📁)]을 클릭합니다. [그림 넣기] 대화상자가 나타나면 [찾는 위치]를 설정하고 'koln.jpg'를 선택한 후 [넣기] 버튼을 클릭합니다. [쪽 테두리/배경] 대화상자로 돌아오면 '문서에 포함'과 '워터마크 효과'에 체크하여 그림을 투명하게 설정한 후 [설정] 버튼을 클릭합니다.

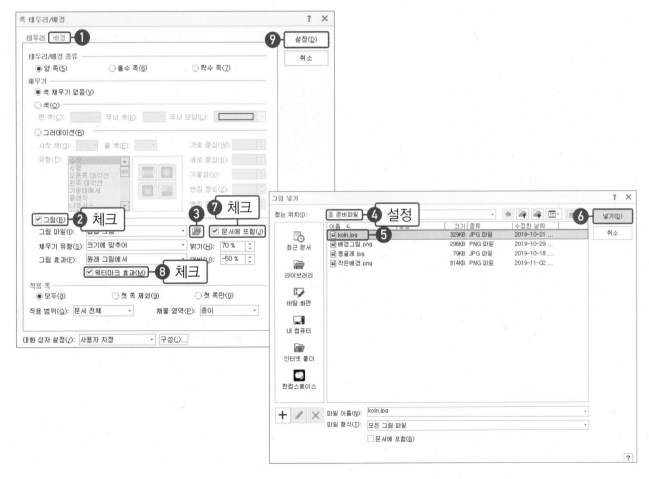

09 문서 전체 쪽마다 투명한 그림이 삽입되었고 제목 페이지가 완성되었습니다.

▶ 문단 번호 만들기

01 2쪽으로 이동한 후 목차를 만들기 위해 '쾰른 대성당 소개하기'부터 '여행 후기'까지 드래그하여 블록으로 지정합니다. [서식] 탭–[문단 번호(☰)]의 ▾를 클릭한 후 원하는 문단 번호 모양을 선택합니다.

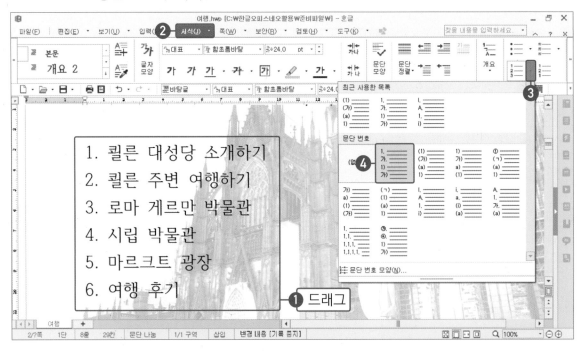

02 '로마 게르만 박물관'부터 '마르크트 광장'을 드래그하여 블록으로 지정한 후 [서식] 탭–
[한 수준 감소(⟻)]를 클릭합니다.

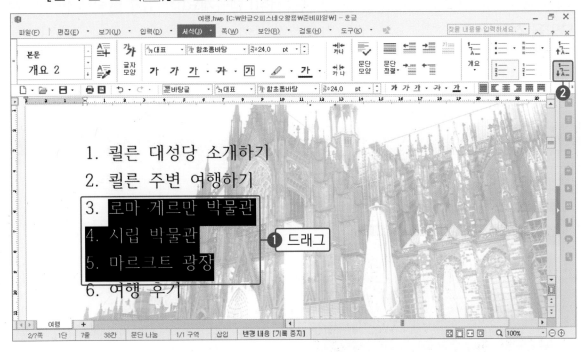

03 하위 수준으로 설정되면서 '2수준'의 문단 번호가 지정되었습니다. Esc 키를 눌러 블록을
해제합니다.

잠깐

새로운 문단 번호로 시작하기
새 문단 번호로 시작할 곳을 클릭하고 [서식] 탭–[문단 번호 새 번호로 시작(☰)]을 클릭하면 커서가 위
치한 곳의 문단 번호가 '1'로 변경됩니다.

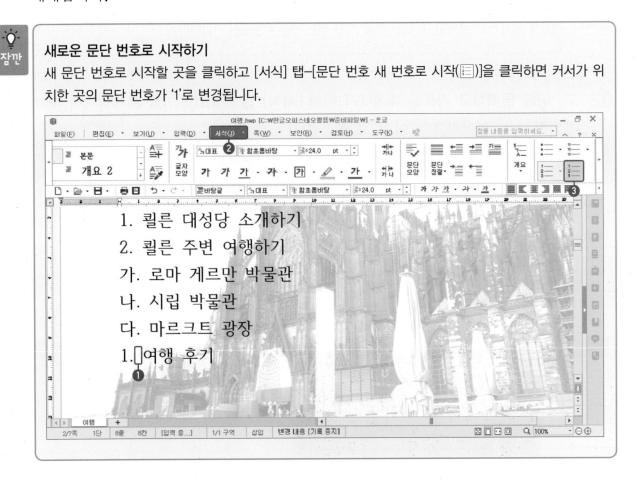

▶ 개요 번호 만들기

01 3쪽의 내용을 드래그하여 블록으로 지정한 후 [서식] 탭–[개요(개요)]를 클릭해 원하는 개요 모양을 선택합니다.

개요 바로 가기 키
개요를 적용하고 해제할 수 있는 바로 가기 키는 Ctrl + Insert 키입니다.

02 '2.' 뒤를 클릭하고 개요를 해제하기 위해 [서식] 탭–[개요(개요)]를 클릭합니다. 개요가 해제되어 '2.'는 없어지고 '3.'이 '2.'로 변경됩니다.

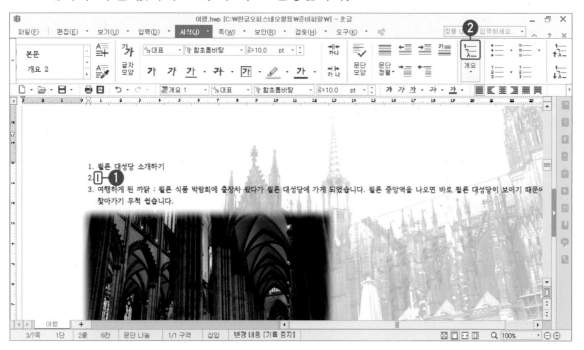

03 '쉽습니다.' 뒤를 클릭하고 [서식] 탭에서 [한 수준 감소(📊)]를 클릭합니다. 수준이 감소되어서 '2.'는 '가.'로 바뀝니다.

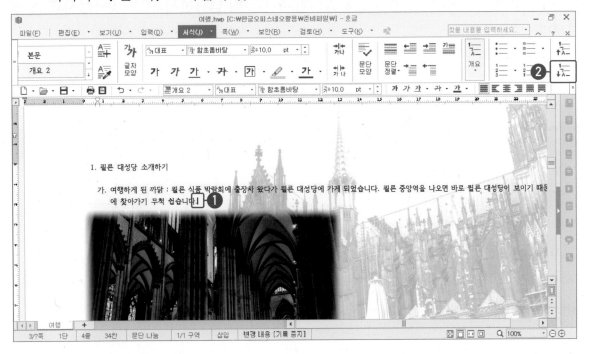

04 '4~8쪽'까지 개요를 설정한 후 [개요 보기(▤)]를 클릭해 문서 전체의 개요를 확인합니다.

▶ 상용구 등록하기

01 2쪽으로 이동하고 '1. 퀼른' 뒤에 '(K'를 입력한 후 [입력] 탭–[문자표(문자표)]–[문자표]를 클릭합니다.

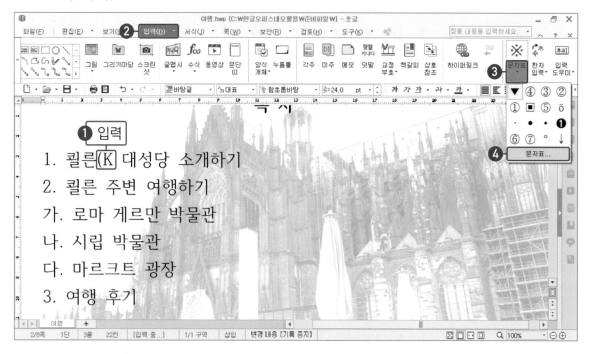

02 [문자표 입력] 대화상자의 [사용자 문자표] 탭–[서유럽어 추가]에서 'ö'를 선택한 후 [넣기] 버튼을 클릭합니다.

03 'In)'를 입력한 후 'Köln'을 드래그하여 블록으로 지정하고 [입력] 탭–[입력 도우미
(쪽이)]–[상용구]에서 [상용구 등록]을 클릭합니다.

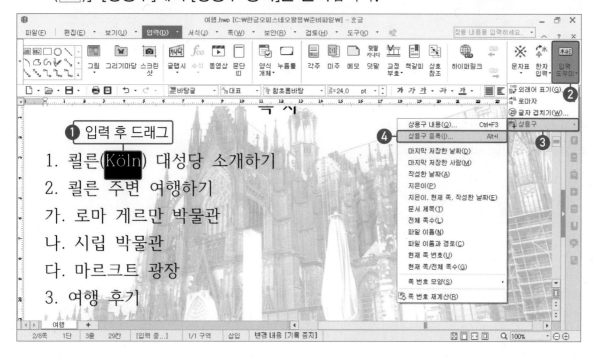

04 [상용구 등록] 대화상자에서 블록으로 설정한 부분이 [본말]에, 블록으로 설정된 내용 중
첫 번째 글자가 [준말]에 등록되어 나타납니다. '글자 속성 유지하지 않음'을 선택한 후
[등록] 버튼을 클릭합니다.

상용구 단축키
준말에 해당하는 글자를 입력하
고 Alt + I 키를 누르면 상용
구가 삽입됩니다.

05 다음 줄의 '2. 퀼른' 뒤에 '(K'를 입력하고 Alt + I 키를 눌러 상용구를 입력합니다.

06 등록한 상용구가 입력되면 ')'를 입력합니다.

 잠깐

상용구 넣기
[입력] 탭–[입력 도우미(木ㅁ)]–[상용구]에서 [상용구 내용]을 클릭하고 상용구를 선택한 후 [넣기] 버튼을 클릭해도 상용구를 삽입할 수 있습니다.

▶ 스타일 사용하기

01 스타일을 변경할 3쪽의 문단에 커서를 위치시키고 스타일을 등록하기 위해 [서식] 탭–[스타일] 목록의 [자세히(↓)]를 클릭한 후 [스타일]을 클릭합니다.

02 [스타일] 대화상자의 [스타일 목록]에서 '개요 1'을 선택한 후 문단 모양을 변경하기 위해 [문단 모양 정보]에서 [문단 모양(≣)]을 클릭합니다.

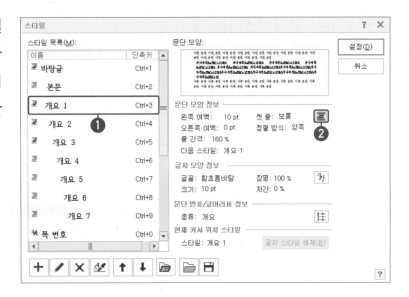

03 [문단 모양] 대화상자가 나타나면 [테두리/배경] 탭에서 [테두리]의 [종류]는 '실선', [색]은 오피스 테마의 '검은 군청(RGB: 27,23,96)', [모두(⊞)]로 설정한 후 [배경]의 [면 색]은 오피스 테마의 '검은 군청(RGB: 27,23,96) 90% 밝게', [간격]의 [위쪽]은 '2mm'로 설정하고 [설정] 버튼을 클릭합니다.

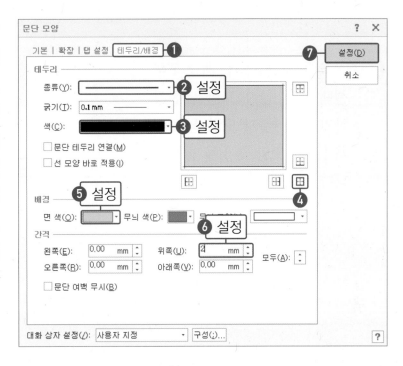

04 계속해서 '개요 1'의 글자 모양을 변경하기 위해 [글자 모양 정보]에서 [글자 모양(꺄)]을 클릭합니다.

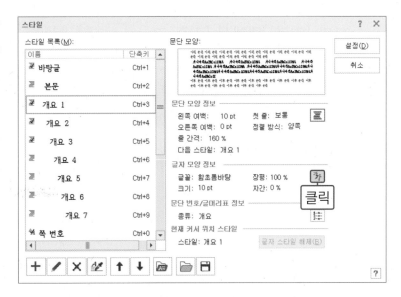

05 [기본] 탭에서 [기준 크기]는 '24pt'로 설정하고 [속성]에서 [진하게(가)], [글자 색]은 오피스 테마의 '검은 군청(RGB: 27,23,96)'으로 설정한 후 [설정] 버튼을 클릭합니다.

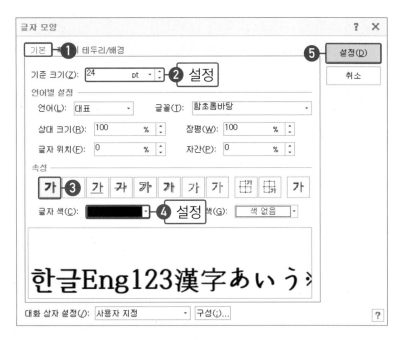

06 [스타일 목록]에서 '개요 2'를 선택한 후 글자 모양을 변경하기 위해 [글자 모양 정보]에서 [글자 모양(가)]을 클릭합니다.

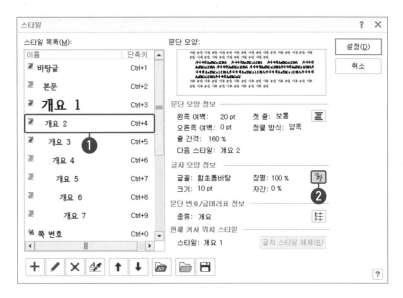

07 [글자 모양] 대화상자가 나타나면 [기본] 탭에서 [기준 크기]는 '15pt'로 설정하고 [설정] 버튼을 클릭합니다. [스타일] 대화상자로 돌아오면 [설정] 버튼을 클릭합니다.

08 '개요 1', '개요 2' 부분의 스타일이 변경되었습니다. 스타일을 사용해 개요에 해당하는 글꼴과 문단 모양을 한 번에 바꾸었습니다.

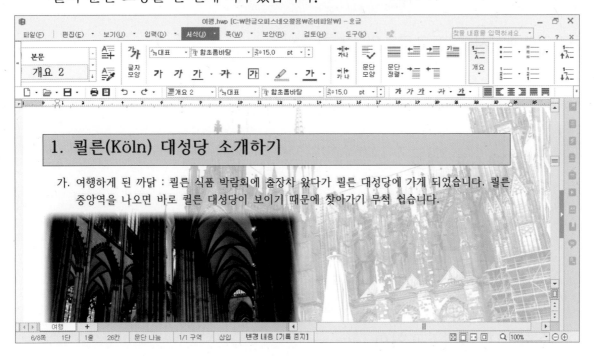

09 서식 도구 상자에서 [저장하기(💾 ▾)]의 ▾를 클릭하여 [다른 이름으로 저장하기]를 선택한 후 '여행소개'라는 파일 이름으로 저장합니다.

 잠깐

스타일마당

[서식] 탭의 ▾에서 [스타일마당]을 클릭하면 [스타일마당] 대화상자가 나타납니다. [스타일마당] 대화상자에는 용도별로 문서 스타일이 들어 있습니다. [스타일마당 목록]에 있는 스타일을 선택하면 [미리 보기]에서 확인할 수 있고 마음에 드는 스타일을 선택해 [적용] 버튼을 클릭하면 문서의 스타일을 빠르게 수정할 수 있습니다.

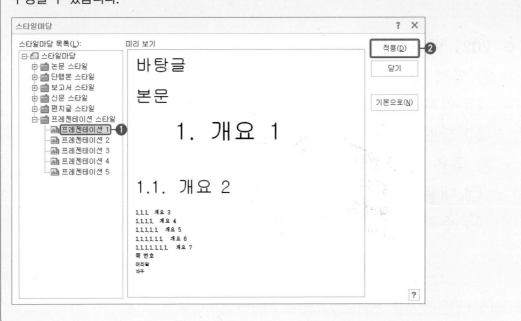

01 다음과 같이 새 문서를 만들고 글을 입력해 봅니다.

> • 편집 용지 : 폭 – 130mm, 길이 – 80mm, 쪽 여백 – 좁게
> • 글꼴 : 함초롬바탕　　　• 글자 크기 : 15pt　　　• 제목글 서식 : 진하게

> **2021 엑스포 개요**
> 일시 및 장소
> 일시 : 2021년 3월 3일(수) ~ 7일(일)
> 장소 : 공원
> 내용 및 주최
> 내용 : 전시회, 강연, 체험 활동
> 주최 : 한국엑스포협회

02 문제 **01**에서 입력한 글의 문단 모양을 다음과 같이 변경해 봅니다.

> • 1수준 : 글머리표 ❖
> • 2수준
> 　· 번호 모양 : Ⓐ, Ⓑ, Ⓒ　　　· 너비 조정 : 20pt　　　· 정렬 : 왼쪽 정렬
> • 3수준
> 　· 번호 모양 : ㉠, ㉡, ㉢　　　· 너비 조정 : 30pt　　　· 정렬 : 왼쪽 정렬

> ❖ **2021 엑스포 개요**
> 　Ⓐ 일시 및 장소
> 　　㉠ 일시 : 2021년 3월 3일(수) ~ 7일(일)
> 　　㉡ 장소 : 공원
> 　Ⓐ 내용 및 주최
> 　　㉠ 내용 : 전시회, 강연, 체험 활동
> 　　㉡ 주최 : 한국엑스포협회

03 문제 **02**에서 만든 문서를 '문단모양.hwp'로 저장해 봅니다.

04 다음과 같이 문서를 만들어 글을 입력한 후 상용구를 추가해 봅니다.

> - 편집 용지 : 폭, 길이 – 80mm, 위쪽, 아래쪽, 왼쪽, 오른쪽 – 10mm, 머리말, 꼬리말 – 0mm
> - 글꼴 : 함초롬바탕　　　- 글자 크기 : 10pt
> - 글자 상용구
>   수 → 수식, 참 → 참조

> 수식과 함수
> 수식 작성의 기본
> 수식 사용하기
> 셀 참조
> 상대 참조
> 절대 참조
> 함수

05 문제 **04**에서 입력한 글에 개요 번호를 적용한 후 다음과 같이 스타일을 변경합니다.

> - 개요 번호 : I. A. 1. a) (1) (a) i)
> - 스타일
>   · **개요1** : 20pt, 오피스테마의 '초록(RGB: 0,128,0)', 진하게
>   · **개요2** : 15pt, 진하게　　　· **개요3** : 맑은 고딕, 13pt

> # I. 수식과 함수
> ## A. 수식 작성의 기본
> ### 1. 수식 사용하기
> ### 2. 셀 참조
> a) 상대 참조
> b) 절대 참조
> ### 3. 함수

06 문제 **05**에서 만든 문서를 '스타일.hwp'로 저장해 봅니다.

04 음악 편지 만들기

- ▪ 표 삽입하기
- ▪ 셀 테두리 설정하기
- ▪ 쪽 배경 삽입하기
- ▪ 배경음악 연결하기
- ▪ 구역 나누기
- ▪ 문서마당 사용하기
- ▪ 구역마다 편집 용지 설정하기

미/리/보/기

📁 준비파일 : 작은배경.jpg, 배경음악.mp3
📁 완성파일 : 음악편지.hwp

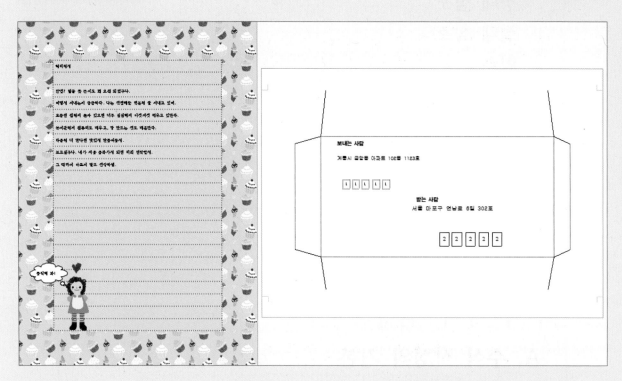

이번 장에서는 편지지와 편지 봉투를 만들어 보겠습니다. 표를 사용해 편지지의 틀을 만들고 쪽 배경으로 편지지의 배경 그림을 삽입해 봅니다. 하이퍼링크를 연결해 친구에게 공유할 음악 파일을 연결하는 방법과 구역을 설정해 편지 봉투를 만드는 방법도 함께 알아봅니다.

구역 나누기에 대해 알아보기

▶ 구역

한글에는 구역을 나누는 기능이 있어 각 장마다 새로운 쪽 번호를 매기거나 배경 그림이나 테두리 등을 다르게 설정할 수 있습니다. 구역 나누기 기능은 한 문서 안에 서로 다른 편집 용지, 바탕쪽, 머리말과 꼬리말, 쪽 테두리/배경 등을 적용할 때 사용합니다.

• **구역 나누기** : '시대 고시'를 입력한 후 '고' 앞을 클릭하고 [쪽] 탭–[구역 나누기(▢)]를 클릭합니다. '고시' 부분이 다음 쪽으로 이동되고 구역이 나눕니다. 화면 하단의 [쪽 맞춤(▢)]을 클릭하면 두 쪽 전체를 확인할 수 있습니다.

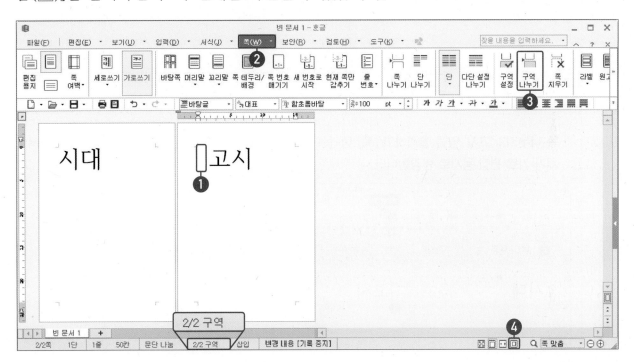

구역 나누기와 쪽 나누기

구역을 나누면 한 문서 안에 편집 용지, 바탕쪽, 쪽 배경 등을 다르게 설정할 수 있지만, 쪽을 나누면 쪽만 나뉘고 설정을 다르게 할 수 없습니다.

- **구역 나누기** : '고시' 앞을 클릭하고 [쪽] 탭–[구역 나누기(📄)]를 클릭한 후 [쪽] 탭–[가로(📄)]를 클릭하면 '고시' 쪽의 편집 용지만 가로로 변경됩니다.

- **쪽 나누기** : '고시' 앞을 클릭하고 [쪽] 탭–[쪽 나누기(📄)]를 클릭한 후 [가로(📄)]를 클릭하면 문서 전체가 가로 편집 용지로 변경됩니다.

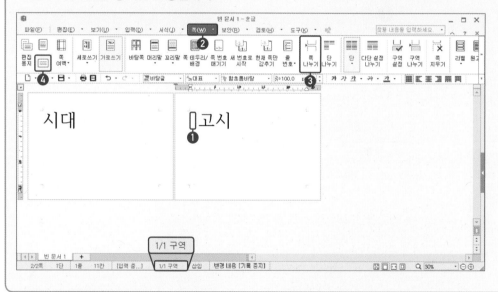

▶ 사용할 도구 알아보기

도구	설명
🌐 (하이퍼링크)	클릭한 위치나 선택한 개체 또는 드래그한 영역이나 그림에 하이퍼링크를 삽입합니다.
📄 (구역 나누기)	클릭한 위치에서 구역을 새로 나눕니다. 구역을 나누면 구역마다 편집 용지 등을 설정할 수 있습니다.
📄 (쪽 나누기)	클릭한 위치에서 쪽을 새로 나눕니다.

02 나만의 편지 만들기

▶ 편지지 틀 만들기

01 [편집] 탭–[표(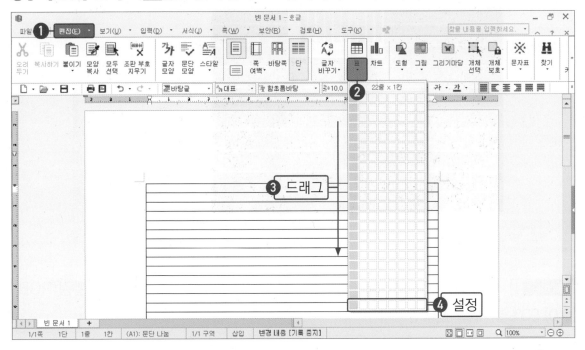)]를 클릭한 후 표 상자에서 드래그하여 '22줄×1칸'으로 설정합니다.

02 표 안을 클릭하고 F5 키를 세 번 눌러 표 전체를 블록으로 지정합니다. 표 아래의 경계선에 마우스를 가져가 마우스 포인터의 모양이 ⬍일 때 쪽의 제일 아래까지 드래그합니다.

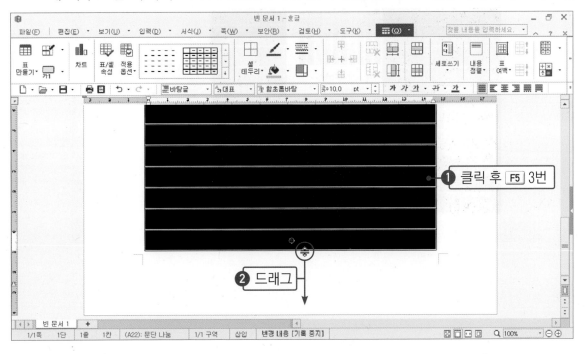

03 [표(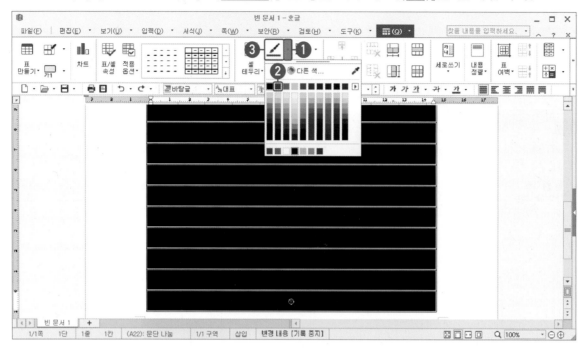)] 탭-[셀 테두리 색(✎)]의 ▼를 클릭하여 오피스 테마의 '빨강(RGB: 255,0,0)'을 선택한 후 [표( )] 탭-[셀 테두리 색(✎)]을 클릭합니다.

04 [표( )] 탭-[셀 배경 색( )]의 ▼를 클릭하여 오피스 테마의 '빨강(RGB: 255,0,0) 90% 밝게'를 선택합니다.

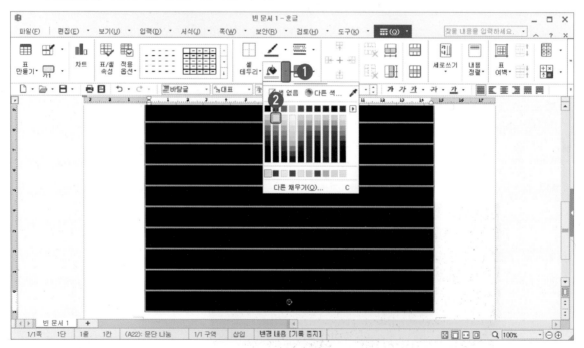

05 [표(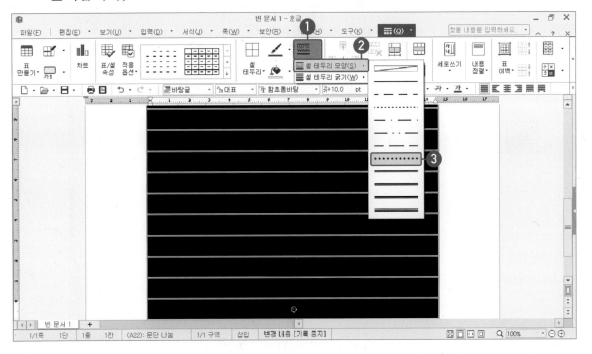)] 탭-[셀 테두리 모양/굵기( )]를 클릭하고 [셀 테두리 모양]-[원형 점선]을 선택합니다.

06 [표( )] 탭-[셀 테두리( )]를 선택하여 [모두( )]를 클릭합니다.

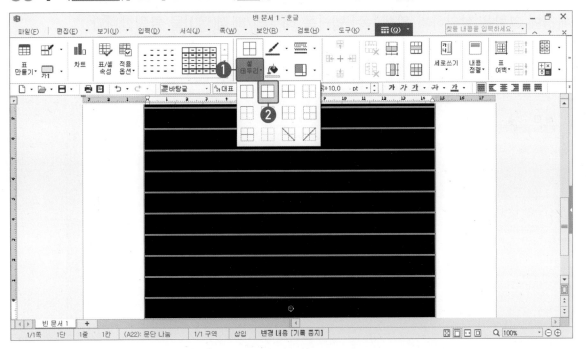

07 Esc 키를 눌러 블록을 해제하면 표의 배경 색, 테두리 선 색, 원형 점선 테두리 선이 적용된 것을 확인할 수 있습니다.

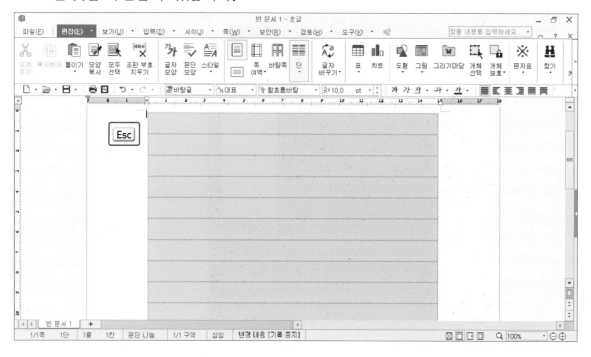

▶ 편지지 배경 꾸미기

01 쪽 배경에 그림을 삽입하기 위해 [쪽] 탭–[쪽 테두리/배경(▣)]을 클릭합니다.

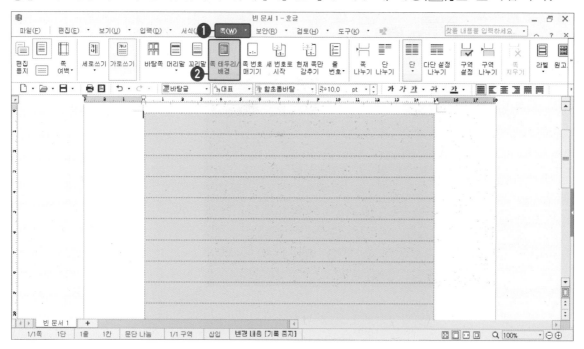

02 [쪽 테두리/배경] 대화상자의 [배경] 탭에서 '그림'에 체크한 후 [그림 선택(▣)]을 클릭합니다. [그림 넣기] 대화상자가 나타나면 '작은배경.jpg'를 선택하고 '문서에 포함'에 체크한 후 [넣기] 버튼을 클릭합니다.

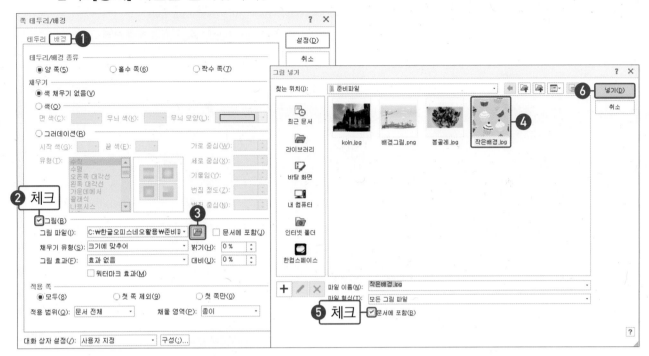

03 [채우기 유형]을 '바둑판식으로–모두'로 설정한 후 [설정] 버튼을 클릭합니다.

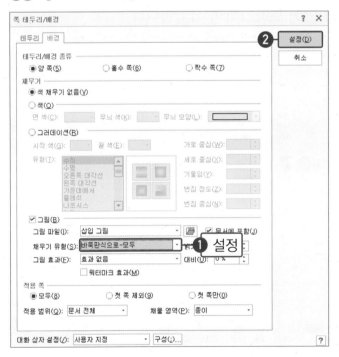

 잠깐

채우기 유형
배경을 그림으로 채울 때 [채우기 유형]에 따라 그림이 삽입되는 방식을 다르게 선택할 수 있습니다.

04 '작은배경.jpg'가 바둑판처럼 배열되어 배경으로 나타납니다.

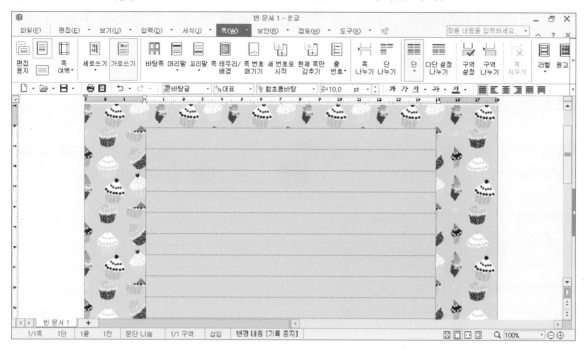

▶ 그리기마당의 그림 삽입하기

01 그림을 삽입하기 위해 [입력] 탭에서 [그리기마당(▨)]을 클릭합니다. [그리기마당] 대화
상자가 나타나면 [그리기 조각] 탭–[선택할 꾸러미]에서 '캐릭터(연인)'을 클릭한 후 '사랑
15'를 선택합니다. 다음과 같이 표 왼쪽 하단에 드래그하여 삽입합니다.

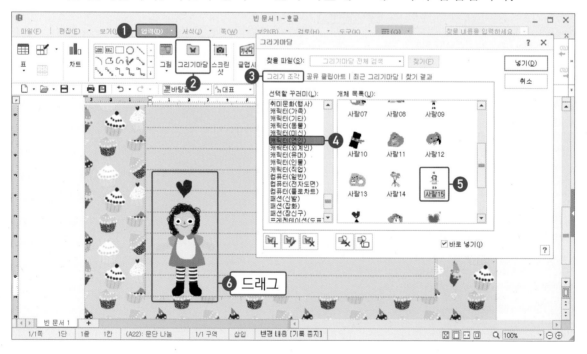

02 [그리기 조각] 탭-[선택할 꾸러미]에서 '설명선'을 클릭하고 '구름모양 설명선'을 선택한
후 [넣기] 버튼을 클릭합니다.

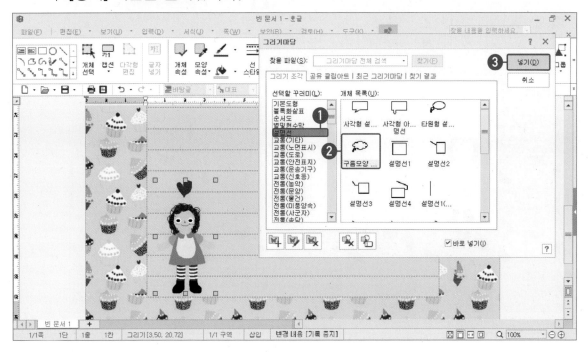

03 다음과 같이 드래그하여 '구름모양 설명선'을 삽입한 후 [도형(□)] 탭-[회전(◎)]에서 [좌
우 대칭]을 클릭합니다. '구름모양 설명선'의 좌우가 대칭됩니다.

04 '구름모양 설명선' 안의 글상자를 클릭한 후 '클릭해 봐!'를 입력합니다.

배치

삽입한 개체가 표 위에서 보이지 않는다면 개체를 선택한 후 [도형(▨)] 탭-[글 앞으로(▤)]를 클릭해 표 위로 옮깁니다.

▶ 하이퍼링크로 음악 파일 연결하기

01 '사랑15' 개체를 선택한 후 [입력] 탭-[하이퍼링크(⊕)]를 클릭합니다.

02 [하이퍼링크] 대화상자가 나타나면 [연결 종류]를 '외부 어플리케이션 문서'로 선택하고 연결 대상의 [파일 선택(📂)]을 클릭합니다.

03 [연결할 외부 문서] 대화상자에서 '배경음악.mp3'를 선택하고 [열기] 버튼을 클릭합니다. [하이퍼링크] 대화상자로 돌아오면 [넣기] 버튼을 클릭합니다.

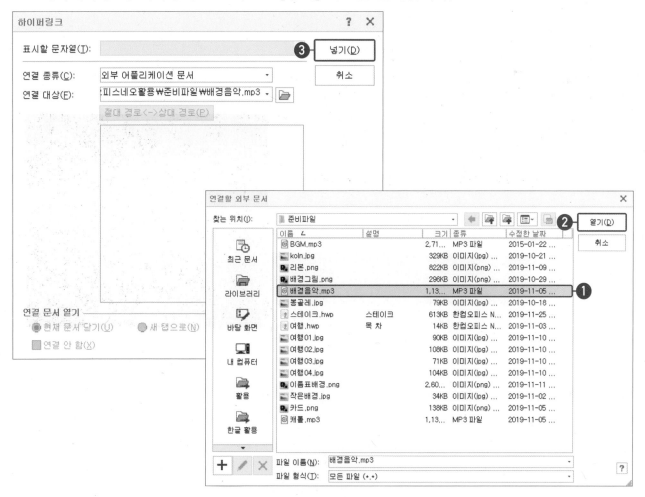

04 '사랑 15' 개체에 마우스를 가져가 마우스 포인트가 🖑로 바뀌면 클릭합니다. 음악 재생 프로그램이 실행되면서 음악이 재생됩니다.

💡 **잠깐**

음악 재생 프로그램

음악 재생 프로그램은 사용자 PC에 설치된 프로그램에 따라 다르게 실행될 수 있습니다. 만약 하이퍼링크로 연결된 음악 파일이 지정된 경로에 없다면 노래를 재생할 수 없습니다.

05 친구에게 보낼 편지의 내용을 입력해 봅니다.

내 목소리 녹음하기

❶ [입력] 탭의 ▾를 클릭한 후 [개체]-[소리]를 클릭합니다.

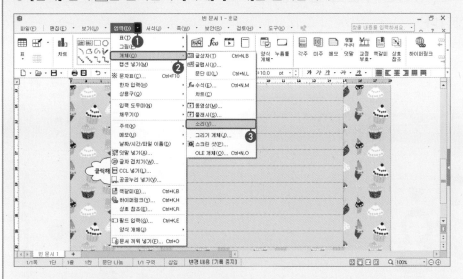

❷ [소리 넣기] 대화상자가 나타나면 [녹음(■)]을 클릭해 편지에 보낼 말을 녹음합니다. 녹음을 끝내려면 [정지(■)]를 클릭합니다.

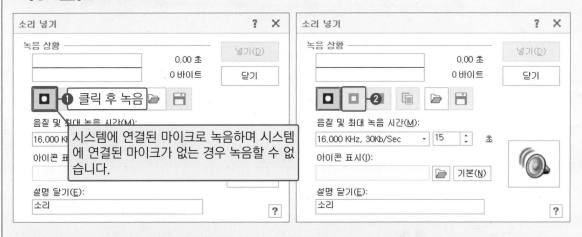

❸ [재생(▶)]을 클릭해 녹음한 것을 들어본 후 [저장하기(💾)]를 클릭하여 저장하고 [닫기] 버튼을 클릭합니다.

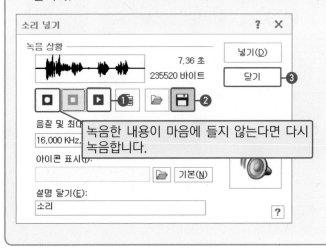

▶ 구역 나누고 편지 봉투 만들기

01 편집 용지의 오른쪽 바깥 부분을 클릭해 표 바깥에 커서를 두고 [쪽] 탭-[구역 나누기 (📄)]를 클릭합니다.

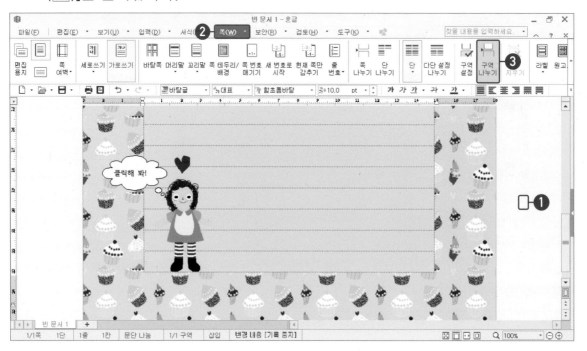

02 구역이 나뉘고 하단에 [2/2] 구역이라고 표시됩니다.

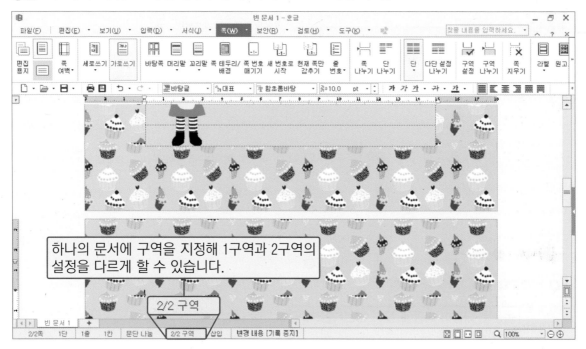

하나의 문서에 구역을 지정해 1구역과 2구역의 설정을 다르게 할 수 있습니다.

2/2 구역

03 [쪽] 탭–[가로(▤)]를 클릭해 편집 용지를 변경하고 [쪽 테두리/배경(▥)]을 클릭합니다.

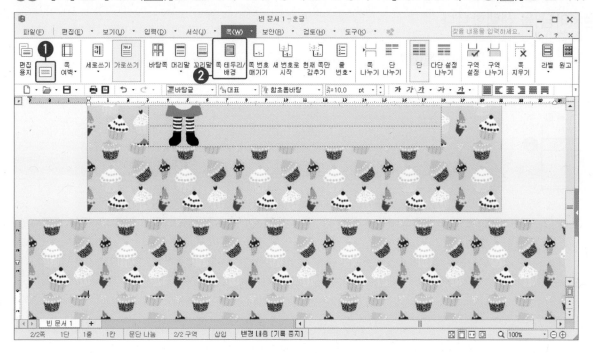

04 [쪽 테두리/배경] 대화상자가 나타나면 [배경] 탭에서 [채우기]의 '그림'을 체크 해제하고
[설정] 버튼을 클릭합니다.

05 2쪽의 쪽 배경 그림이 없어졌습니다. 서식 도구 상자에서 [새 문서(□▾)]의 ▾를 클릭해 [문서마당]을 선택합니다.

06 [문서마당] 대화상자에서 [서식 파일 찾기] 탭–[찾을 서식 파일]에 '편지 봉투'를 입력한 후 [찾기] 버튼을 클릭합니다. 편지 봉투와 관련된 서식 파일이 검색되면 '편지 봉투 3'을 선택하고 [열기] 버튼을 클릭합니다.

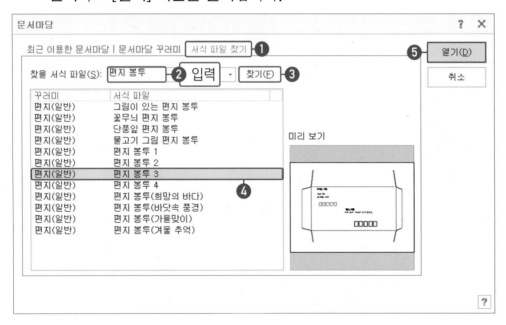

07 편지 봉투가 포함된 빈 문서가 열립니다. 편지 봉투를 클릭한 후 [편집] 탭에서 [복사하기 (📋)]를 클릭합니다.

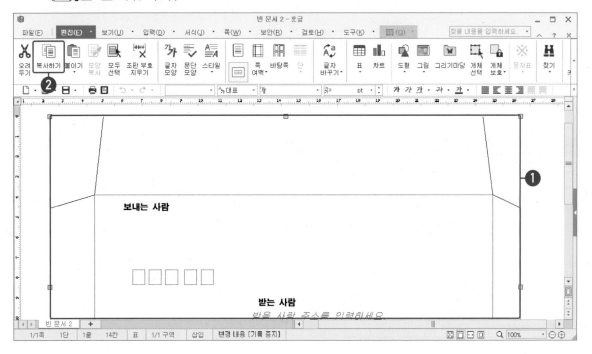

08 다시 구역을 나눈 문서로 이동하여 2구역에서 Ctrl + V 키를 눌러 편지 봉투를 붙여 넣습니다. 편지 봉투에 맞게 편집 용지를 변경하기 위해 [쪽] 탭에서 [편집 용지(📄)]를 클릭합니다.

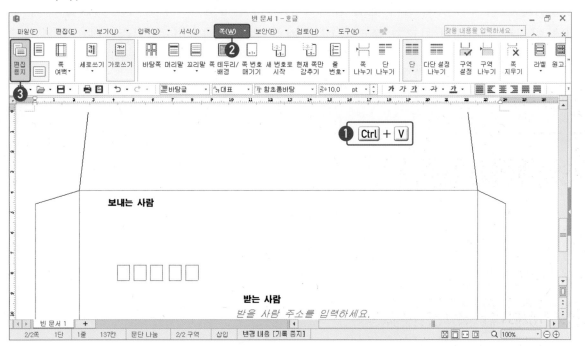

09 [편집 용지] 대화상자가 나타나면 [기본] 탭에서 [용지 여백]의 [위쪽], [왼쪽], [오른쪽], [아래쪽]은 '5mm'로, [머리말]과 [꼬리말]은 '12.7mm'로 설정한 후 [설정] 버튼을 클릭합니다.

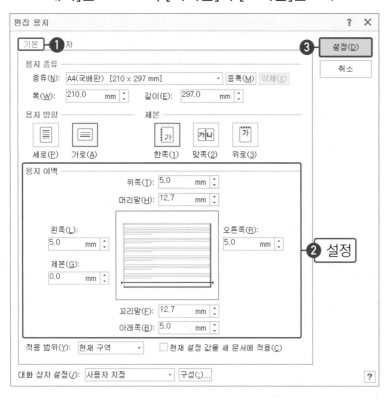

10 편지 봉투에 보내는 사람, 받는 사람, 우편 번호를 입력합니다. 이후 화면 아래쪽의 [쪽 맞춤(▣)]을 클릭해 구역에 따라 편집 용지가 다르게 설정된 두 쪽 전체를 확인합니다. 이 용지를 인쇄하여 선대로 자르고 풀로 붙이면 편지 봉투로 사용할 수 있습니다.

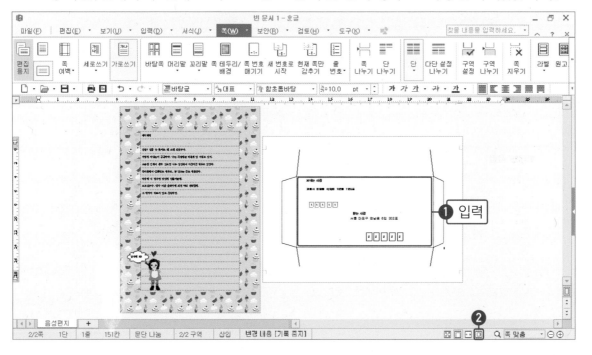

11 서식 도구 상자에서 [저장하기(▤)]를 클릭하여 '음악편지'라는 파일 이름으로 저장합니다.

01 다음과 같이 문서를 설정하고 '카드.png'를 쪽 배경에 삽입합니다. 그리기마당에서 '촛불1'을 찾아 넣은 후 '캐롤.mp3'를 하이퍼링크로 연결해 봅니다.

준비파일 카드.png, 캐롤.mp3

- **편집 용지**
  - 용지 종류 : 폭 – 100mm, 길이 – 150mm
  - 용지 방향 : 가로
  - 용지 여백 : 위쪽, 왼쪽, 오른쪽, 아래, 머리말, 꼬리말 – 5mm
- **가로 글상자** : 가족과 함께 즐거운 크리스마스 보내세요.
  - 선 종류 : 선 없음
  - 글꼴 : 한컴 쿨재즈 B
  - 글자 크기 : 20pt
- **가로 글상자** : 클릭 하세요.
  - 선 종류 : 선 없음
  - 글꼴 : 한컴 쿨재즈 B
  - 글자 크기 : 10pt
  - 글자 색 : 오피스 테마의 '초록(RGB: 0,128,0)'

02 문제 **01**에서 만든 문서를 '음악카드.hwp'로 저장해 봅니다.

03 다음과 같이 편지지를 만들어 봅니다.

- 쪽 배경 그러데이션 : 사막의 빛
- 표 : 실선의 24줄
- 글꼴 : 한컴 소망 B
- 글자 크기 : 12pt
- 그리기마당 : 식물(일반) – 단풍잎

04 문제 **03**에서 만든 편지지의 구역을 나눈 후 편집 용지를 가로로 변경하여 다음과 같이 편지지를 만들어 봅니다.

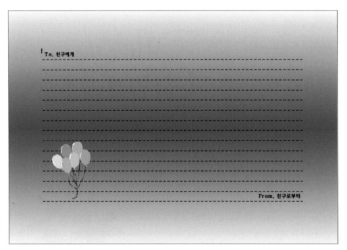

- 쪽 배경 그러데이션 : 물안개
- 표 : 파선의 16줄
- 글꼴 : 한컴 소망 B
- 글자 크기 : 12pt
- 그리기마당
  : 취미문화(행사) – 풍선2

05 문제 **04**에서 만든 문서를 '편지지.hwp'로 저장해 봅니다.

05 가계부 만들기

- 표 그리기
- 셀 테두리 설정하기
- 셀 합치기
- 1,000 단위 구분 쉼표

- 셀 너비를 같게/
  셀 높이를 같게
- 계산식

미 / 리 / 보 / 기

완성파일 : 가계부.hwp

가계부

날짜		내역	수입	지출
월	일			
6	1	급여	3,000,000	
6	5	미술학원비		200,000
6	6	영어학원비		250,000
6	11	교통비		100,000
6	17	부업	450,000	
6	18	자동차 할부금		356,000
6	23	공과금		127,000
6	29	세금 환급금	215,000	
합계			3,665,000	1,033,000
잔액				2,632,000

이번 장에서는 표를 만들어 표의 셀을 편집하는 방법과 계산식을 활용해 합계, 평균 등을

구하는 방법을 알아보겠습니다. 그리고 가계부를 만들어 지출 금액과 잔액 등을 계산해

보겠습니다.

계산식에 대해 알아보기

▶ 쉬운 계산식

현재 셀을 기준으로 가로와 세로의 합계, 평균, 곱을 계산합니다. 계산 결과를 입력할 셀을 클릭하고 [표(▦ (Q) ▾)] 탭-[계산식(▦)]을 클릭하면 계산식을 실행할 수 있습니다. 총점을 구하기 위해 [계산식(▦)]-[가로 합계]를 클릭합니다.

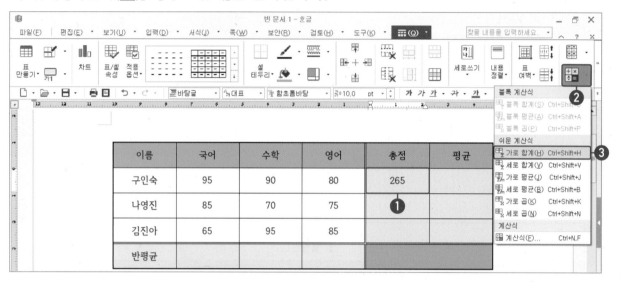

▶ 블록 계산식

블록으로 지정한 셀의 합계, 평균, 곱을 계산합니다. 계산할 셀을 드래그하여 블록으로 지정하고 [표(▦ (Q) ▾)] 탭-[계산식(▦)]을 클릭하면 블록 계산식을 실행할 수 있습니다. 국어 과목의 평균을 구하기 위해 국어 점수에 해당하는 셀을 드래그하여 블록으로 지정한 후 [계산식(▦)]-[블록 평균]을 클릭합니다.

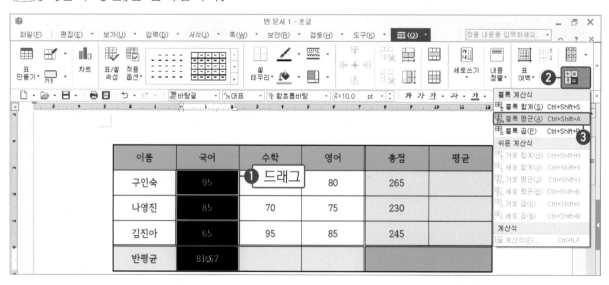

문장 내에서 블록 계산하기

❶ 문장에서 블록 계산이 필요한 곳을 드래그하여 블록으로 지정한 후 [도구] 탭의 ▼에서 [블록 계산]– [블록 평균]을 클릭합니다.

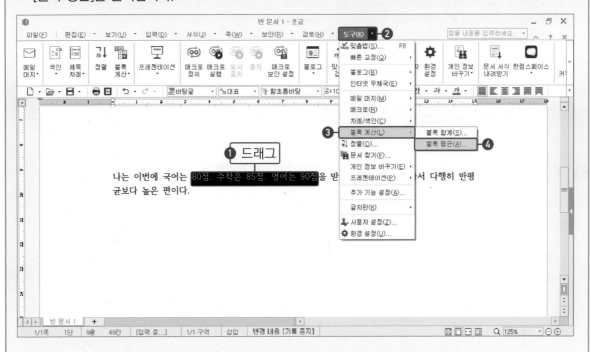

❷ [블록 계산 결과] 대화상자에는 드래그한 문장 안에 있는 숫자의 평균이 구해져 있습니다. [복사] 버튼을 클릭합니다.

❸ 평균값을 입력할 곳을 클릭한 후 Ctrl + V 키를 누르면 평균값이 입력됩니다.

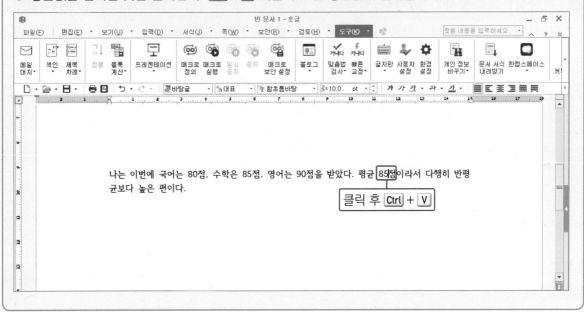

▶ 수식 계산식

수식 계산식은 셀 번호와 함수를 사용해 합계와 평균을 구하는 방법입니다. 셀에는 다음과 같이 셀 번호가 있고 셀을 클릭하면 '상황 선'에서 셀 번호를 확인할 수 있습니다.

A1	B1	C1	D1	E1	F1
A2	B2	C2	D2	E2	F2
A3	B3	C3	D3	E3	F3
A4	B4	C4	D4	E4	F4
A5	B5	C5	D5	E5	

❶ 계산 결과를 입력할 (F2) 셀을 클릭하고 [표(▦ ⑨ ▾)] 탭-[계산식(▦)]-[계산식]을 클릭합니다.

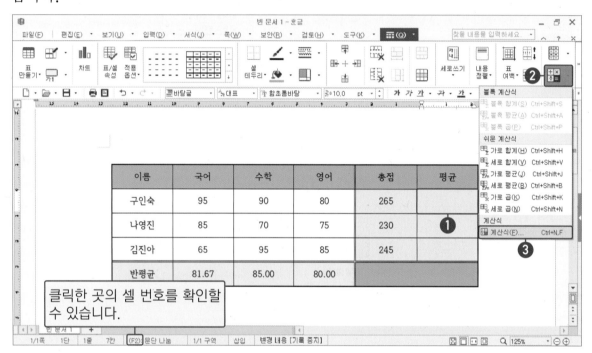

❷ [계산식] 대화상자가 나타나면 평균을 구해야 하므로 [함수]를 'AVG(...) AVERAGE(...)'로 설정합니다. [계산식]에 '=AVG()'가 나타납니다. '구인숙'의 성적에 해당하는 셀은 (B2) 셀부터 (D2) 셀까지이므로 '=AVG(B2:D2)'를 입력한 후 [형식]을 '소수점 이하 두 자리'로 설정하고 [확인] 버튼을 클릭합니다.

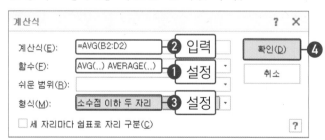

❸ 소수점 이하 두 자리까지의 평균값이 구해집니다.

계산식에서 자주 사용하는 함수

[함수]에서 사용할 함수를 선택하면 [계산식]에 자동으로 함수가 입력되고, 구하려는 셀의 범위를 입력하면 자동으로 계산됩니다.

SUM : 지정한 범위의 셀들에 대한 합계를 계산합니다.

AVERAGE(또는 AVG) : 지정한 범위의 셀들에 대한 평균을 계산합니다.

PRODUCT : 지정한 범위의 셀들에 대한 곱을 계산합니다.

MIN : 지정한 범위의 셀들에 대한 최솟값을 계산합니다.

MAX : 지정한 범위의 셀들에 대한 최댓값을 계산합니다.

COUNT : 지정한 범위의 공백을 제외한 셀의 수를 헤아립니다.

▶ 사용할 도구 알아보기

도구	설명
▦ (계산식)	함수와 계산식을 사용해 합계, 평균, 곱 등의 값을 계산합니다.
▦ (채우기)	클릭한 곳에 기본 데이터나 사용자 정의 목록에서 선택한 데이터를 입력합니다.
▨ (1,000 단위 구분 쉼표)	블록으로 지정된 셀의 1,000 단위마다 자릿점(,)을 넣거나 뺄 수 있습니다.

02 간편하게 계산하는 가계부 만들기

▶ 표 만들기

01 [편집] 탭-[표(▦)]를 클릭합니다.

02 [표 만들기] 대화상자에서 [줄 수]는 '13', [칸 수]는 '5'로 설정하고 '글자처럼 취급'에 체크한 후 [만들기] 버튼을 클릭합니다.

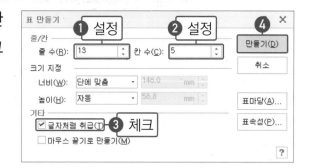

03 표 전체를 드래그하여 블록으로 지정한 후 마우스 포인터를 표 아래 셀의 경계선으로 이
동합니다. 마우스 포인터 모양이 ⇕ 일 때 아래로 드래그하여 표의 크기를 조절합니다.

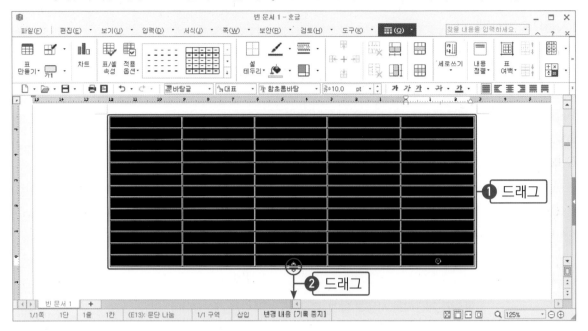

04 서식 도구 상자에서 [가운데 정렬(≣)]을 클릭합니다.

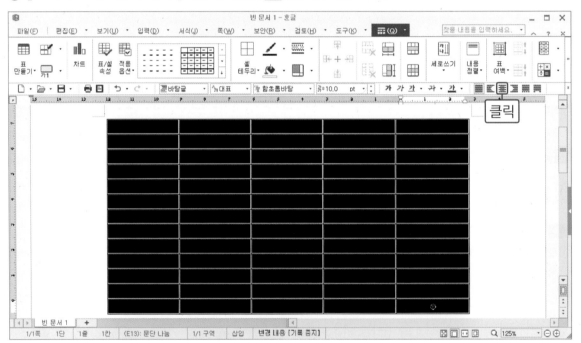

05 (A1) 셀에서 (E1) 셀까지 드래그하여 블록으로 지정한 후 [표(▦ (Q) ▾)] 탭-[셀 합치기 (▦)]를 클릭합니다. 첫 줄이 (A1) 셀로 합쳐집니다.

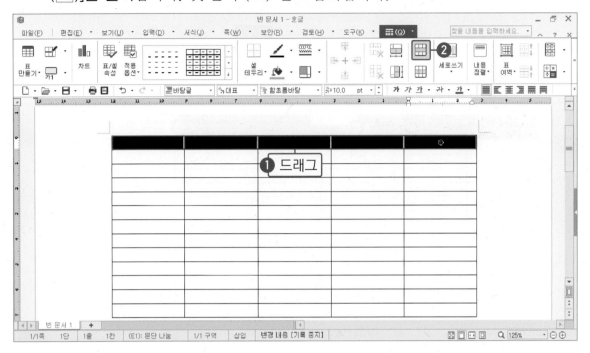

 셀 단축키
- 셀 합치기(▦) : M 키
- 셀 나누기(▦) : S 키
- 셀 너비를 같게(▦) : W 키
- 셀 높이를 같게(▦) : H 키

06 같은 방법으로 셀을 합쳐서 표 모양을 다음과 같이 만든 후 표 안에 글을 입력합니다.

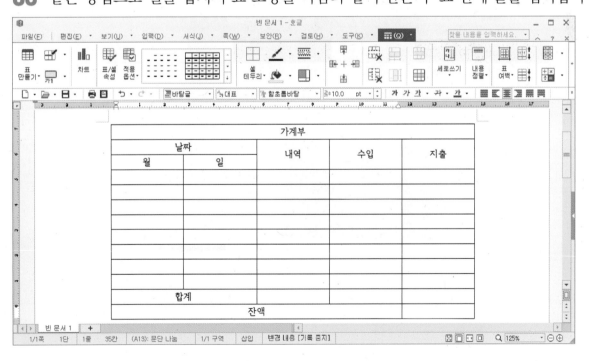

07 (A1) 셀을 클릭한 후 `F5` 키를 눌러 블록으로 지정하고 서식 도구 상자에서 [글꼴]은 '한 컴 윤체 M'으로, [글자 크기]는 '15pt'로 설정합니다.

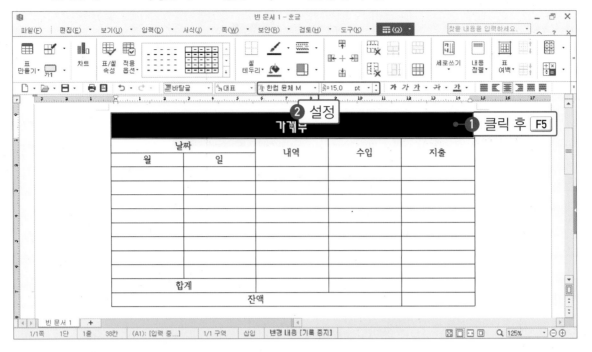

08 [표(`⊞ (Q) ▼`)] 탭-[셀 배경 색(`⬚ ▼`)]의 `▼`를 클릭한 후 [다른 색]을 클릭합니다. [색] 대 화상자의 [팔레트] 탭-[RGB]에서 '빨강(R): 245', '초록(G): 239', '파랑(B): 248'로 설정한 후 [설정] 버튼을 클릭합니다.

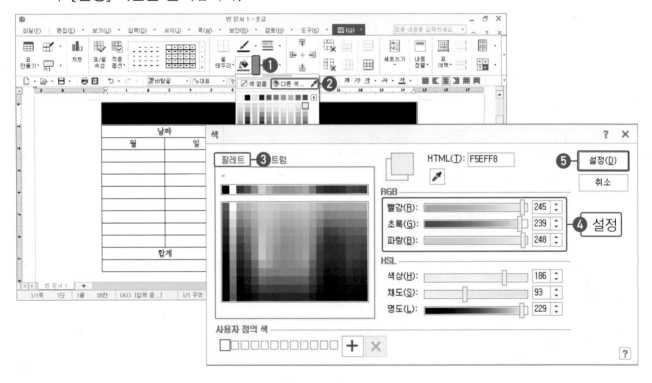

 다른 색
원하는 색이 없는 경우 [다른 색]을 클릭해 [색] 대화상자에서 RGB 값을 직접 설정할 수 있습니다.

09 같은 방법으로 셀 배경 색을 'RGB: 245,239,248'과 'RGB: 157,92,187'로 변경합니다.

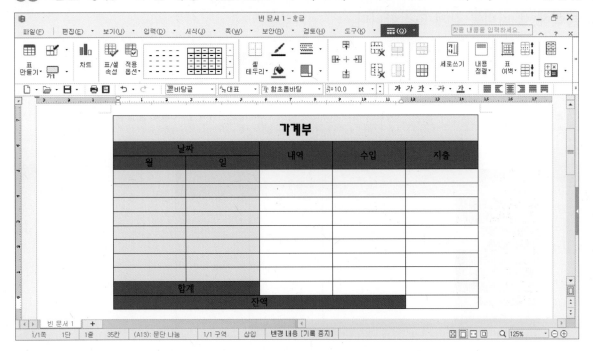

 연속되는 셀 표기 방법

연속되는 범위의 셀을 표기할 때 ':'를 사용합니다. 다만 중간에 셀이 비어 있다면 사용할 수 없습니다.

예 (A1), (A2), (A3), (B1), (B2), (B3) 셀을 표기 – (A1:B3) 셀

예 (A1), (A2), (B1), (B2), (B3) 셀을 표시 – (A1:B2) 셀과 (B3) 셀

10 마우스 포인터를 (B) 열과 (C) 열 사이의 경계선으로 이동합니다. 마우스 포인터 모양이 ⬌일 때 왼쪽으로 드래그하여 셀 너비를 다음과 같이 조절합니다.

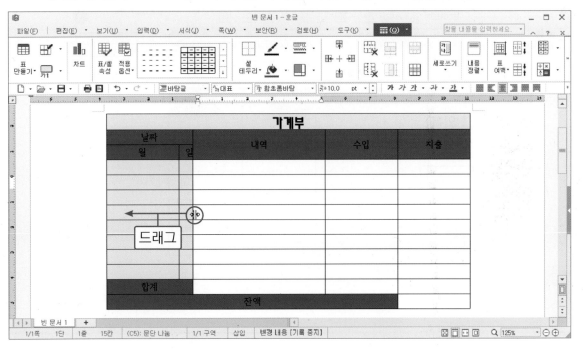

11 (A3:B11) 셀을 드래그하여 블록으로 지정한 후 [표(▦(Q) ▾)] 탭에서 [셀 너비를 같게(▦)]를 클릭해 셀 너비를 같게 조절합니다.

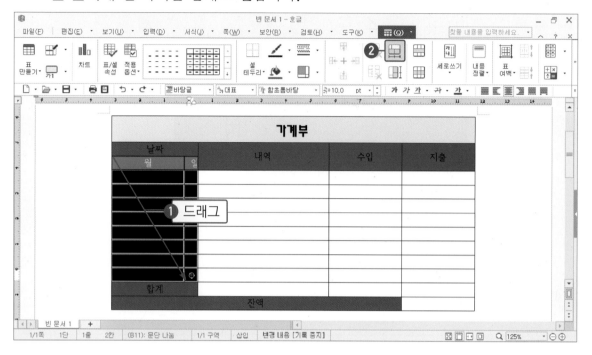

▶ 수입과 지출 데이터 입력하기

01 (A4) 셀에 '6'을 입력하고 (A11) 셀까지 드래그하여 블록으로 지정한 후 [표(▦(Q) ▾)] 탭-[채우기(▦)]의 ▾에서 [표 자동 채우기]를 클릭하면 자동으로 나머지 셀에 '6'이 입력됩니다.

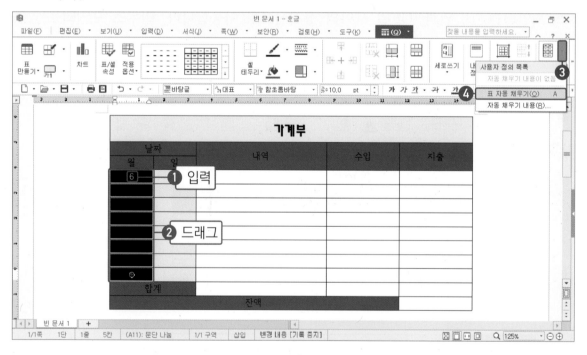

02 다음과 같이 가계부에 실제 수입이 들어온 날과 지출이 나간 날의 내역과 금액을 입력합니다.

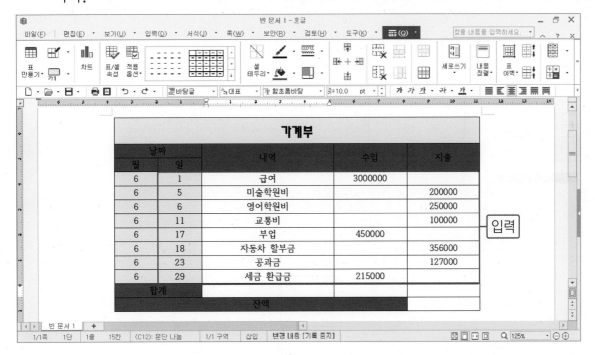

03 (C12) 셀에서 마우스 오른쪽 버튼을 클릭한 후 [셀 테두리/배경]-[각 셀마다 적용]을 클릭합니다.

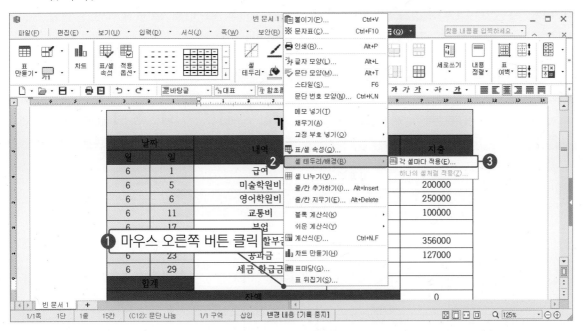

04 [셀 테두리/배경] 대화상자가 나타나면 [대각선] 탭을 클릭한 후 [대각선 아래(⬚)]와 [대각선 위(⬚)]를 각각 클릭하고 [설정] 버튼을 클릭합니다.

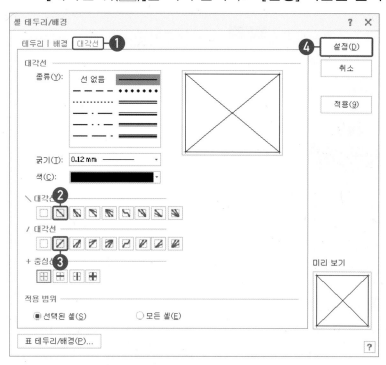

▶ 계산식으로 계산하기

01 (D12) 셀을 클릭하고 [표(⬚)] 탭–[계산식(⬚)]–[세로 합계]를 클릭합니다. '수입' 열에 있는 숫자들이 자동으로 계산되어 (D12) 셀에 나타납니다.

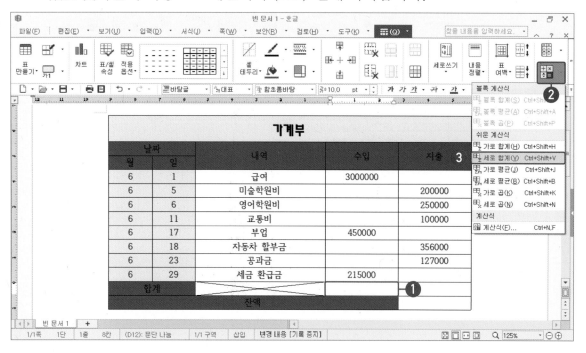

02 (E4:E12) 셀을 드래그하여 블록으로 지정한 후 [표(⊞(Q) ▾)] 탭–[계산식(▣)]–[블록 합계]를 클릭합니다. 드래그한 곳의 숫자가 자동으로 계산되어 (E12) 셀에 나타납니다.

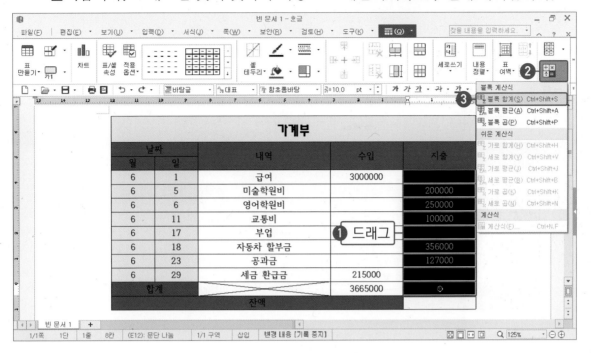

 결과값이 입력되는 셀까지 드래그하기
결과값이 입력되는 (E12) 셀의 바로 위에 있는 셀도 공란이기 때문에 결과값이 입력되는 셀까지 드래그하여 블록으로 지정합니다.

03 한 달 동안의 남은 잔액을 구하기 위해 (E13) 셀을 클릭하고 [표(⊞(Q) ▾)] 탭–[계산식 (▣)]–[계산식]을 클릭합니다.

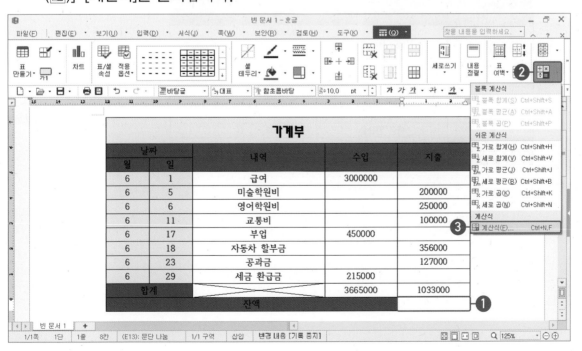

04 [계산식] 대화상자가 나타나면 '잔액=총수입-총지출'이므로 [계산식]에 '=D12-E12'를 입력하고 [확인] 버튼을 클릭합니다.

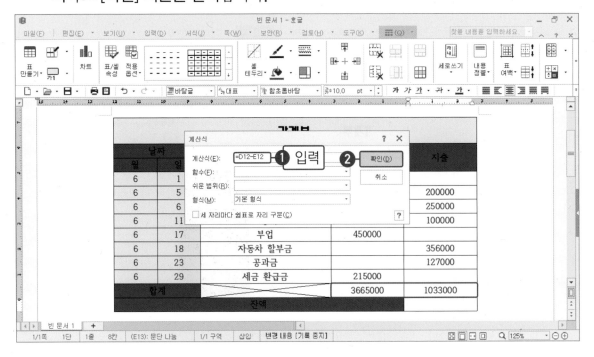

05 (E13) 셀에 잔액이 계산되어 나타납니다.

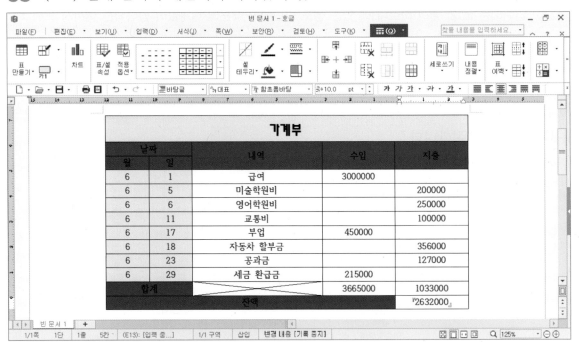

06 (D3:E13) 셀까지 드래그하여 블록으로 지정한 후 [표(▦(Q) ▾)] 탭-[1,000 단위 구분 쉼표 (🔳)]-[자릿점 넣기]를 클릭합니다. 1,000 단위를 구분하는 쉼표가 입력됩니다.

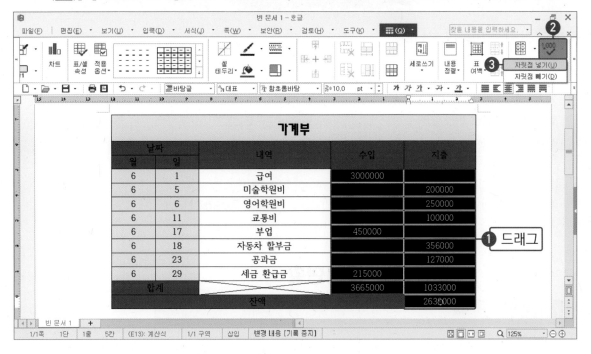

07 서식 도구 상자에서 [저장하기(💾)]를 클릭해 '가계부'라는 파일 이름으로 저장합니다.

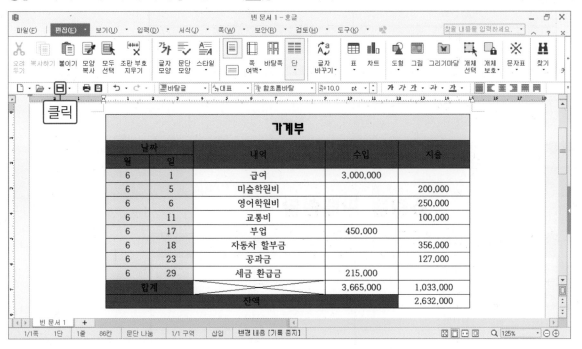

01 다음과 같이 표를 만들어 봅니다.

- 표
  - 셀 테두리 선 굵기 : 바깥쪽 − 0.12mm, 안쪽 − 0.4mm
  - 합계 구분선 종류 : 이중 실선
  - 셀 배경색 : (A1:B1) − 오피스 테마의 '주황(RGB: 255,102,0)'
    (A6:B7) − 오피스 테마의 '주황(RGB: 255,102,0) 60% 밝게'
- 글꼴
  - 제목 : HY헤드라인M, 20pt   · (A1:B7) : 맑은 고딕, 10pt   · (A1:B1), (A6:B7) : 진하게

쇼핑몰 판매현황

상품	판매량
슬립온	120
스니커즈	98
런닝화	110
등산화	76
합계	
평균	

02 문제 **01**의 표에서 합계는 쉬운 계산식을 사용하고, 평균은 계산식을 사용하여 구해 봅니다.

쇼핑몰 판매현황

상품	판매량
슬립온	120
스니커즈	98
런닝화	110
등산화	76
합계	404
평균	101

03 문제 **02**에서 만든 문서를 '판매현황.hwp'로 저장해 봅니다.

04 다음과 같이 표를 만들어 봅니다.

- 표
  - 셀 배경색 : (A1) – 기본 테마의 '멜론색(RGB: 105,155,55)'
    (A2:D2), (A7:C7) – 기본 테마의 '멜론색(RGB: 105,155,55) 80% 밝게'
- 글꼴
  - (A1) : 20pt, 기본 테마의 '하양(RGB: 255,255,255)', 진하게   · (A2:D2), (A7:C7) : 진하게

매출 현황			
품목	개수	단가	가격
A	67	5,600	
B	5	12,000	
C	9	9,700	
D	23	15,000	
합계			

05 문제 **04**의 표에서 개수의 합계는 블록 계산식을, 가격은 계산식에서 'PRODUCT' 함수를, 합계는 'SUM' 함수를 사용해서 계산해 봅니다.

매출 현황			
품목	개수	단가	가격
A	67	5,600	375,200
B	5	12,000	60,000
C	9	9,700	87,300
D	23	15,000	345,000
합계	104	867,500	

06 문제 **05**에서 만든 문서를 '매출현황.hwp'로 저장해 봅니다.

06 혈압 차트 만들기

- 음영 색 설정하기
- 표마당 적용하기
- 차트 만들기
- 차트 데이터 편집하기
- 차트 스타일 적용하기
- 차트 제목 삽입하기
- 계열, 축, 범례 설정하기

미/리/보/기

■ 완성파일 : 혈압차트.hwp

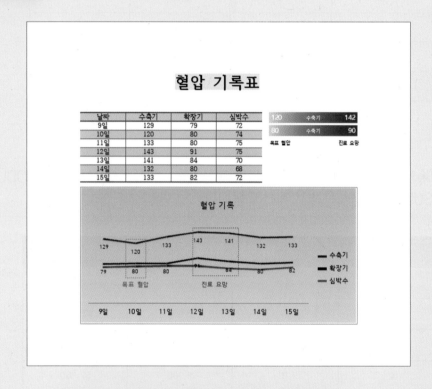

이번 장에서는 차트에 대해 알아본 후 표를 이용해 차트를 만들고 편집해 보겠습니다. 보고서와 같은 자료를 만들 때 차트를 이용하면 한눈에 수치를 비교할 수 있는 장점이 있습니다. 여러 가지 종류의 차트 테마가 있기 때문에 차트를 편집하는 방법을 알아두면 한글 문서를 만들 때 다양하게 활용할 수 있습니다.

01 차트에 대해 알아보기

▶ 차트

차트는 각종 자료를 원, 막대, 꺾은선 그래프 등으로 알기 쉽게 정리한 것입니다. 한글에서는
표의 일부분이나 표 전체를 블록으로 지정해 차트로 변환할 수 있습니다.

- **차트 만들기** : 표 전체를 드래그하여 블록으로 지정한 후 [표(▦ (Q) ▾)] 탭-[차트(▥)]를
  클릭하면 바로 차트가 만들어 집니다.

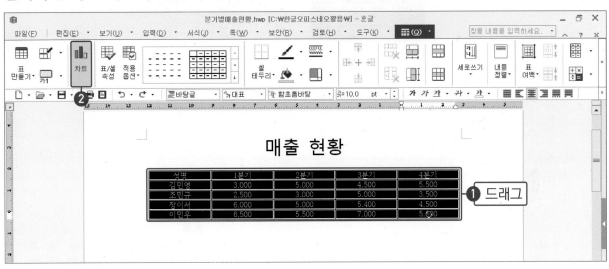

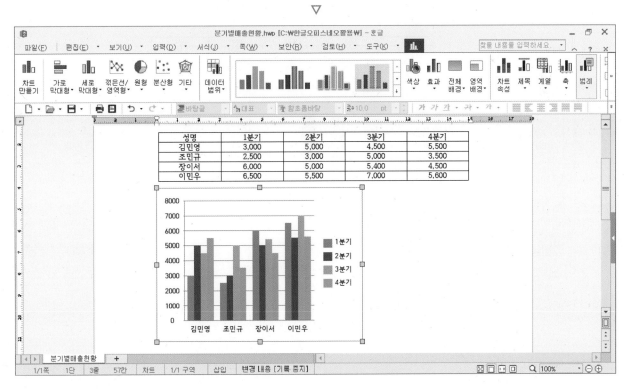

표의 일부분만 차트로 만들기

다음과 같이 표의 일부분만 드래그하여 블록으로 지정한 후 [표( )] 탭에서 [차트( )]를 클릭하면
드래그한 부분만 차트로 만들 수 있습니다.

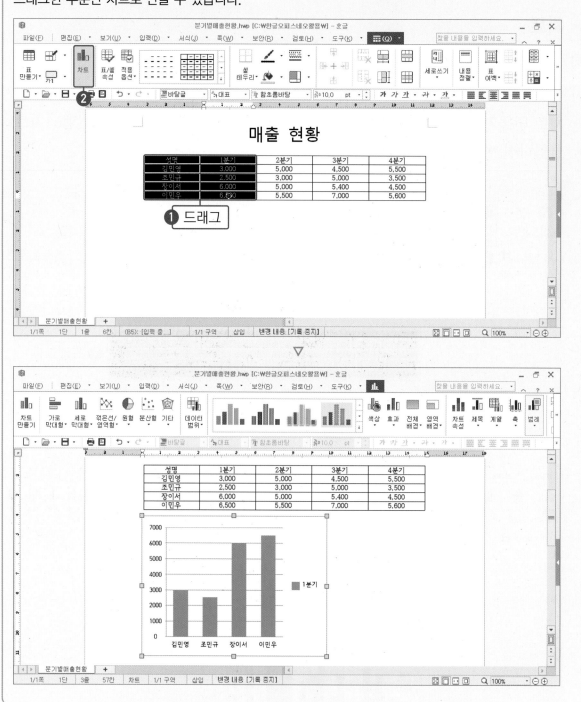

▶ 차트의 기본 구성

차트의 기본 구성을 알아봅니다.

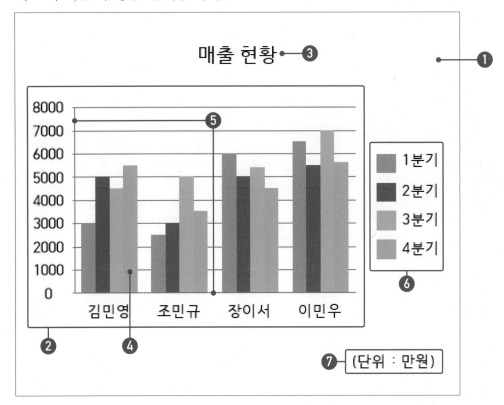

❶ **일반** : 차트의 배경 스타일이나 차트 구성 등을 설정합니다.

❷ **차트** : 차트의 스타일, 계열, 위치 등을 설정합니다.

❸ **제목** : 차트 제목의 위치, 제목 스타일 등을 설정합니다.

❹ **계열** : 계열, 계열 이름표, 자료점, 자료점 이름표 등을 설정합니다.

❺ **축** : 축, 축 이름표, 축 제목의 스타일 등을 설정합니다.

❻ **범례** : 범례의 스타일, 글꼴, 위치 등을 설정합니다.

❼ **각주** : 각주의 스타일, 글꼴, 위치 등을 설정합니다.

▶ 사용할 도구 알아보기

도구	설명
📊 (차트)	차트 개체를 삽입합니다.
📊 (제목)	차트의 제목을 표시하거나 숨깁니다.
📊 (계열)	차트의 계열, 계열 이름표, 자료점, 자료점 이름표를 설정합니다.
📊 (축)	차트의 축, 이름표, 제목을 설정합니다.
📊 (범례)	차트의 범례를 표시하거나 숨깁니다.

표를 활용해 차트 만들기

▶ 표 만들기

01 빈 문서에 '혈압 기록표'를 입력한 후 Enter 키를 눌러 다음 줄로 내려갑니다. 이후 표를 삽입하기 위해 [편집] 탭–[표(▦)]를 클릭합니다.

02 [표 만들기] 대화상자가 나타나면 [줄 수]는 '8', [칸 수]는 '4'로 설정하고 '글자처럼 취급'에 체크한 후 [만들기] 버튼을 클릭합니다.

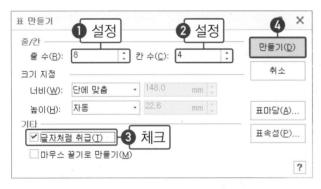

03 표가 만들어 지면 다음과 같이 입력합니다.

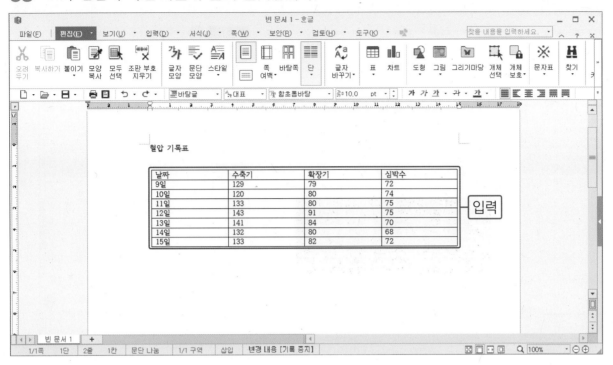

04 표를 드래그하여 전체를 블록으로 지정한 후 서식 도구 상자에서 [가운데 정렬(≡)]을 클릭해 정렬합니다. 오른쪽 경계선에 마우스를 가져가 마우스 포인터가 ◄|► 모양이 되면 왼쪽으로 드래그하여 표의 크기를 조절합니다.

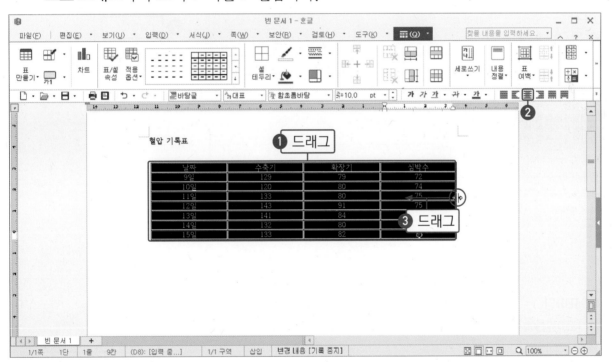

05 표 스타일을 변경하기 위해 [표( )] 탭의 ▼를 클릭한 후 [표마당]을 선택합니다.

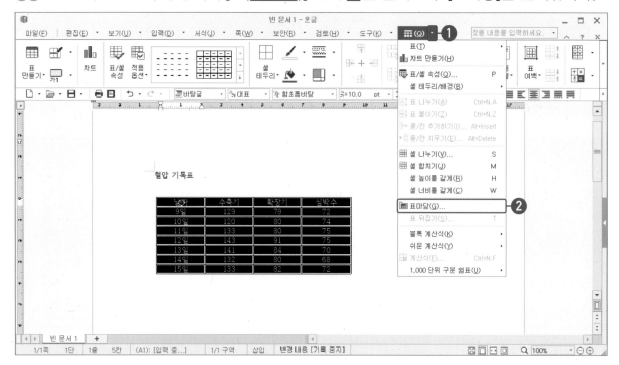

06 [표마당] 대화상자가 나타나면 [표마당 목록]에서 '밝은 스타일 1 – 흑백 색조'를 선택한 후 [설정] 버튼을 클릭합니다.

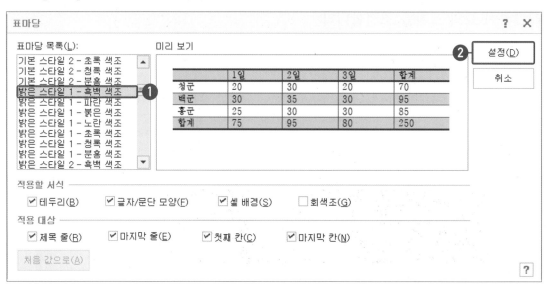

잠깐

표마당

[표마당]에서 원하는 스타일로 표를 만들거나 변경할 수 있습니다.

07 '혈압 기록표'를 드래그하고 서식 도구 상자에서 [가운데 정렬(≡)]을 선택한 후 [편집] 탭-
[글자 모양(가)]을 클릭합니다.

08 [글자 모양] 대화상자가 나타나면 [기본] 탭에서 [기준 크기]는 '24pt', [속성]은 [진하게(가)],
[음영 색]은 오피스 테마의 '주황(RGB: 255,102,0) 90% 밝게'로 설정한 후 [설정] 버튼을 클
릭합니다.

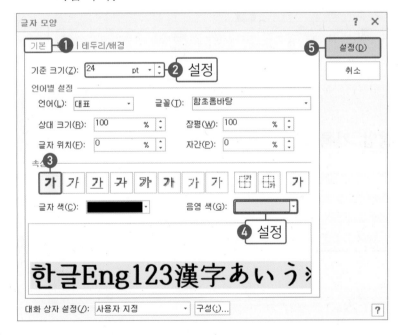

09 [입력] 탭–[가로 글상자(▤)]를 선택한 후 표 오른쪽에 드래그하여 글상자를 만듭니다. 다음과 같이 입력한 후 서식 도구 상자의 [나눔 정렬(▤)]을 클릭하여 단어를 일정한 간격으로 띄워 줍니다.

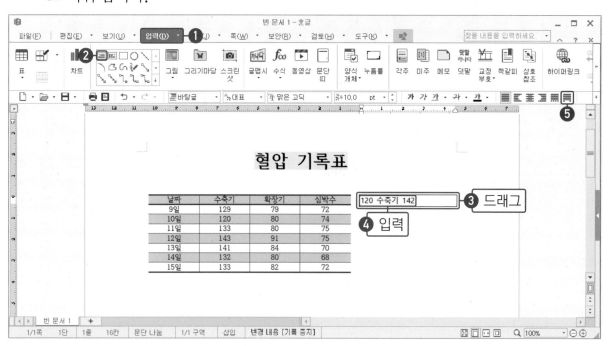

10 가로 글상자를 꾸미기 위해 가로 글상자를 선택하고 [도형(🖼)] 탭–[개체 속성(▭)]을 클릭합니다.

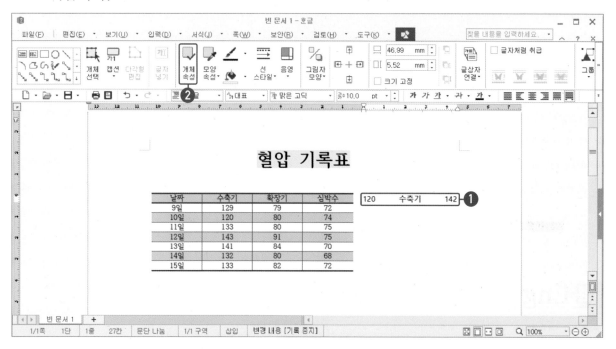

11 [개체 속성] 대화상자가 나타나
면 [선] 탭을 클릭하고 [종류]는
'선 없음'으로 설정합니다.

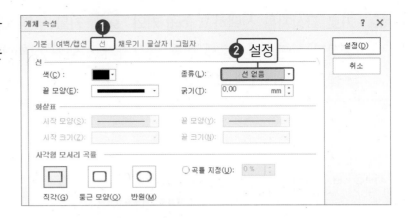

12 [채우기] 탭에서 [채우기]는 '그
러데이션'을 선택하고 [시작 색]
은 오피스 테마의 '주황(RGB:
255,102,0) 80% 밝게', [끝
색]은 오피스 테마의 '빨강
(RGB: 255,0,0)', [유형]은 '수
직'으로 설정한 후 [설정] 버튼
을 클릭합니다.

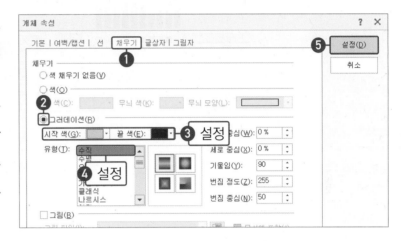

13 가로 글상자가 선택된 채로 서식 도구 상자에서 [글꼴]은 '맑은 고딕', [진하게(**가**)], [글자
색]은 기본 테마의 '하양(RGB: 255,255,255)'으로 설정합니다. 가로 글상자에서 '수축기'를
드래그하고 서식 도구 상자에서 [글자 크기]를 '7pt'로 설정합니다.

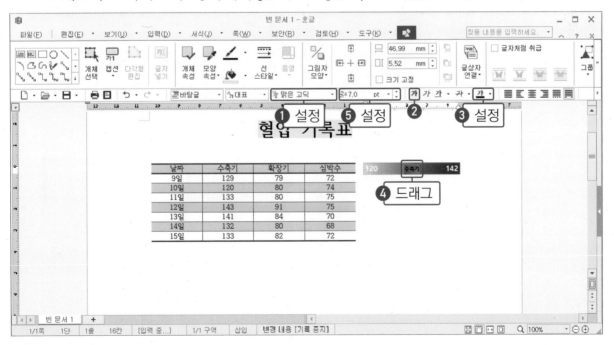

111

14 가로 글상자를 선택하고 Ctrl 키와 Shift 키를 누른 채 아래로 두 번 드래그하여 두 개의 글상자를 만듭니다. 세 번째 글상자가 선택된 상태에서 [도형(🖼)] 탭–[채우기(🎨 ▾)]의 ▾를 클릭한 후 [색 없음]을 선택합니다.

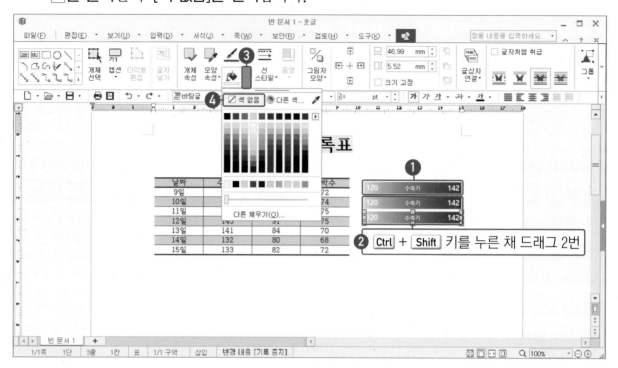

15 서식 도구 상자에서 [가운데 정렬(▤)]을 클릭한 후 [편집] 탭의 [글자 모양(🖋)]을 클릭합니다.

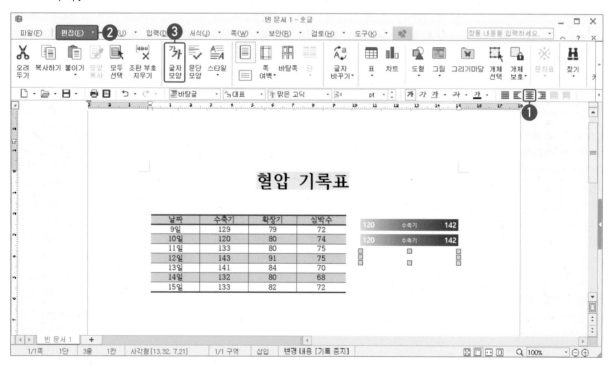

16 [글자 모양] 대화상자가 나타나면 [기본] 탭에서 [기준 크기]를 '7pt'로 설정, [속성]은 [진하게(가)]를 클릭해 속성을 해제하고 [글자 색]은 기본 테마의 '검정(RGB: 0,0,0)'으로 설정한 후 [설정] 버튼을 클릭합니다.

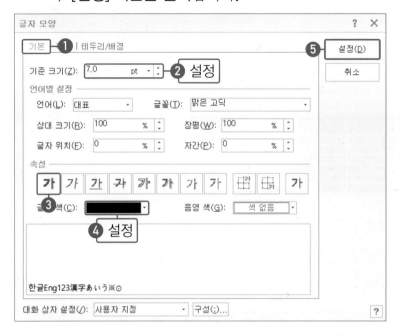

17 세 번째 가로 글상자의 내용을 다음과 같이 수정합니다.

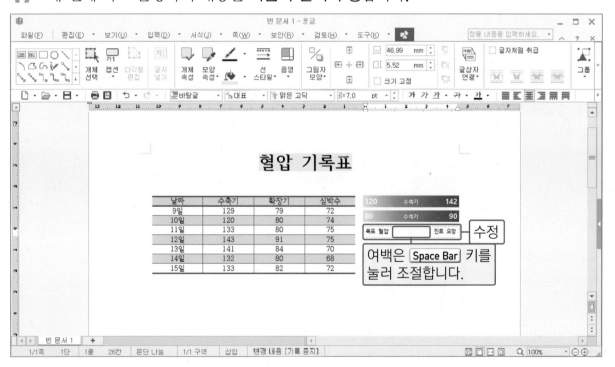

▶ 차트 만들기

01 표 전체를 드래그하여 블록으로 지정한 후 [표(▦(Q) ▾)] 탭–[차트(▥)]를 클릭합니다.

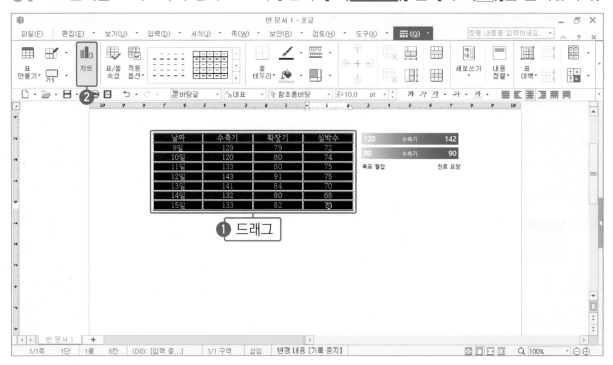

02 '묶은 세로 막대형 차트'가 자동으로 만들어 졌습니다.

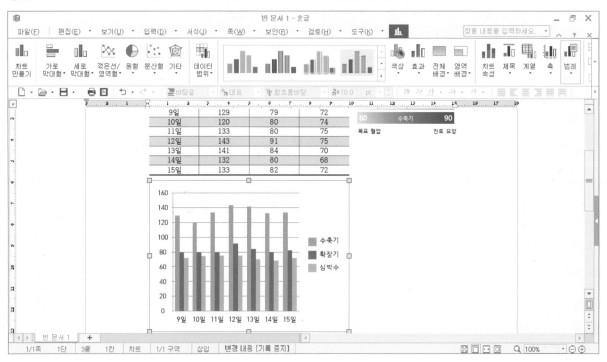

▶ 차트 편집하기

01 차트의 종류를 변경하기 위해 **차트**를 선택하고 [차트(📊)] 탭–[꺾은선/영역형(📈)]–[꺾은선형]을 클릭합니다.

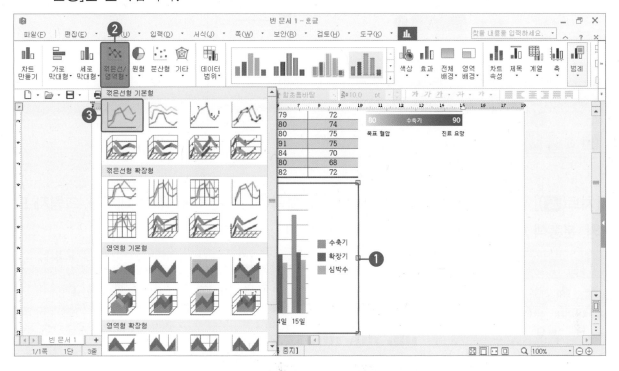

02 차트 종류가 '꺾은선형'으로 변경되었습니다. [차트(📊)] 탭–[데이터 범위(📊)]에서 [데이터 편집]을 클릭합니다.

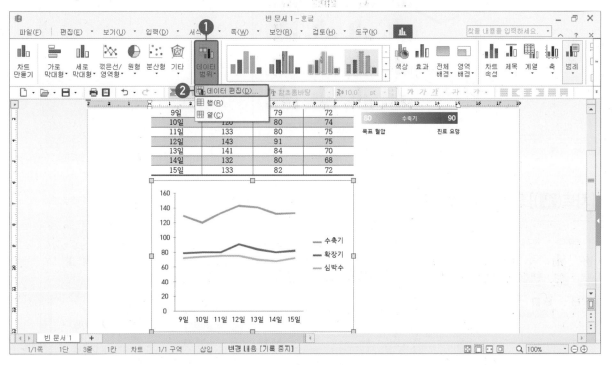

03 [차트 데이터 편집] 대화상자에서 '심박수' 열을 선택한 후 [선택한 열 지우기(📑)]를 클릭해 해당 열을 지우고 [확인] 버튼을 클릭합니다.

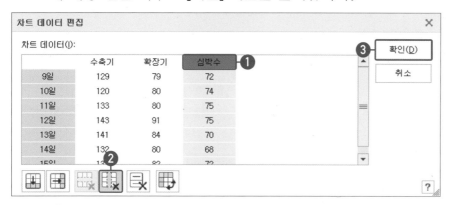

04 [차트(📊)] 탭-[차트 스타일]의 [자세히(↓)]를 클릭하고 '붉은색조, 점선 테두리, 그림자 모양, 분홍색/노랑색 그러데이션 배경'을 클릭합니다.

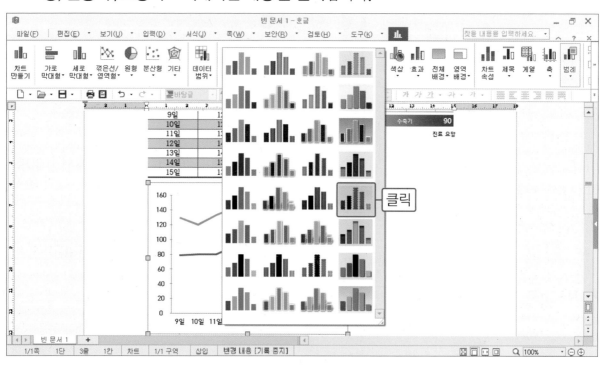

05 [차트(📊)] 탭-[제목(제목)]에서 [제목 모양]을 선택합니다.

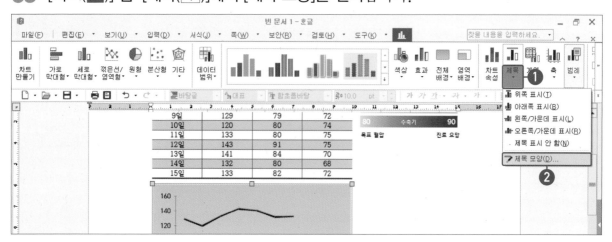

06 [제목 모양] 대화상자의 [위치] 탭에서 '보임'에 체크하고 [위치]는 '위'를 선택합니다.

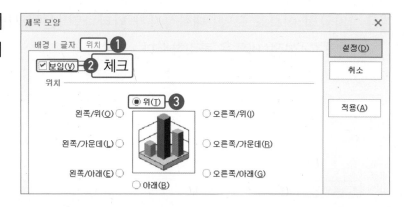

07 [글자] 탭을 선택한 후 [글자 설정]-[내용]에 '혈압 기록'을 입력하고 [설정] 버튼을 클릭합니다.

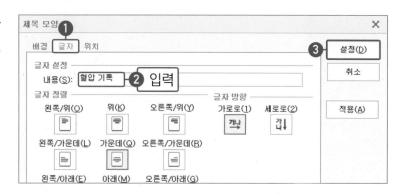

08 [차트(📊)] 탭-[계열(📊)]에서 [자료점 이름표]를 클릭합니다.

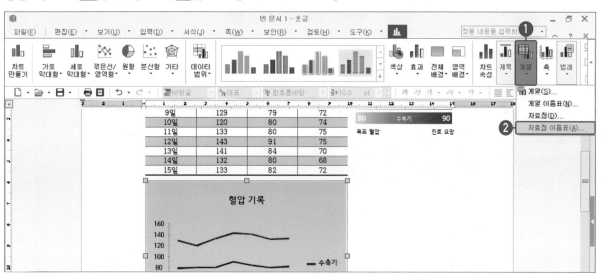

09 [자료점 선택] 대화상자가 나타나면 [계열]은 '수축기', [자료점]은 '계열 기본 값'을 선택하고 [선택] 버튼을 클릭합니다.

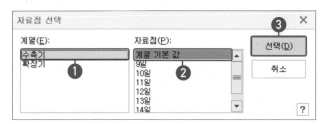

10 [자료점 이름표 모양] 대화상자가 나타나면 [선택 사항] 탭에서 [위치]는 '바로 아래'를 선택하고 [설정] 버튼을 클릭합니다.

11 같은 방법으로 '확장기'의 자료점 이름표 모양의 위치를 '바로 아래'로 설정합니다.

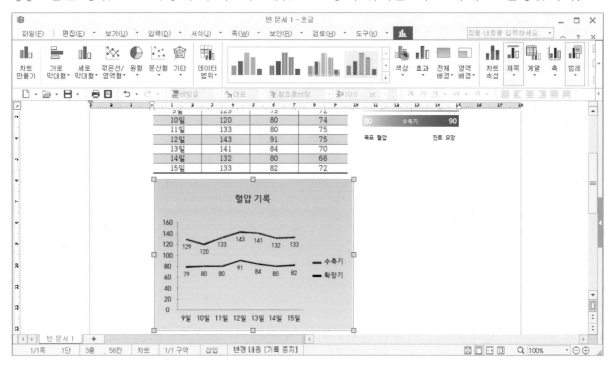

12 [차트(▮▮)] 탭–[축(▮▮)]에서 [축]을 클릭합니다.

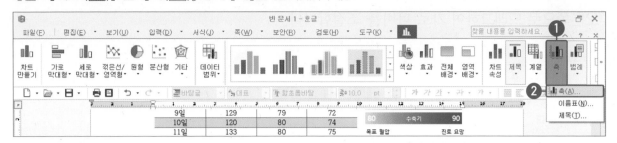

차트 축에 이름표, 제목 추가하기
축에 이름표나 제목을 추가하려면 [차트(▮▮)] 탭–[축(▮▮)]에서 [이름표]나 [제목]을 선택하여 설정합니다.

13 [축 선택] 대화상자에서 [종류]를 '세로 값 축'으로 선택하고 [선택] 버튼을 클릭합니다.

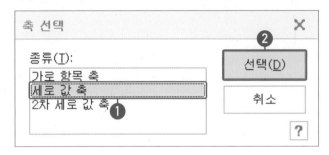

14 [축 모양] 대화상자가 나타나면 [비례] 탭에서 '꾸밈 설정 보여 주기'를 체크 해제하고 [설정] 버튼을 클릭합니다.

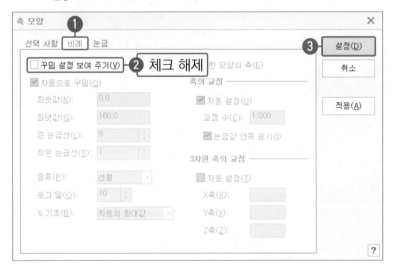

차트 축의 최솟값, 최댓값 수동으로 설정하기
차트 축의 최솟값, 최댓값을 임의로 설정하려면 [축 모양] 대화상자에서 '자동으로 꾸밈'을 체크 해제해야 수동으로 설정할 수 있습니다.

15 차트에서 세로 값의 축이 보이지 않게 되었습니다. 차트의 오른쪽 가운데 크기 조절점을 오른쪽으로 드래그하여 가로 너비를 조절합니다.

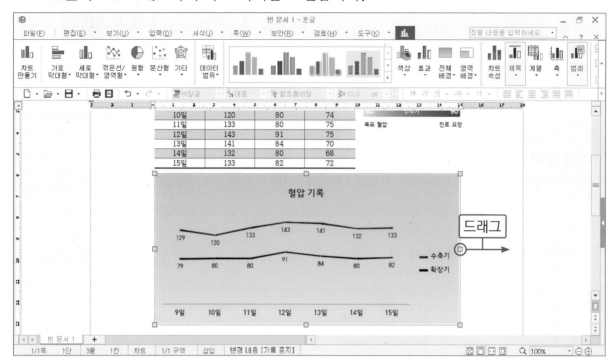

▶ 점선으로 중요 부분 꾸미기

01 [입력] 탭–[직사각형(□)]을 선택하고 '10일' 위의 꺾은선에 드래그하여 그립니다.

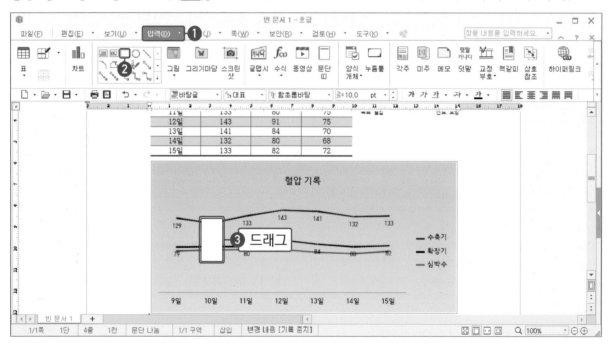

02 [도형(■)] 탭의 [개체 속성(■)]을 클릭합니다.

03 [개체 속성] 대화상자가 나타나면 [선] 탭에서 [색]은 오피스 테마의 '초록(RGB: 0,128,0)', [종류]는 '점선', [선 굵기]는 '0.4mm'로 설정합니다.

04 [채우기] 탭을 선택한 후 '색 채우기 없음'을 선택하고 [설정] 버튼을 클릭합니다.

05 [도형(■)] 탭에서 [가로 글상자(■)]를 선택한 후 다음과 같이 드래그하여 그립니다. [도형(■)] 탭의 [채우기(■)]를 클릭해 채우기 색을 없앤 후 [선 스타일(■)]–[선 종류]–[선 없음]으로 설정합니다.

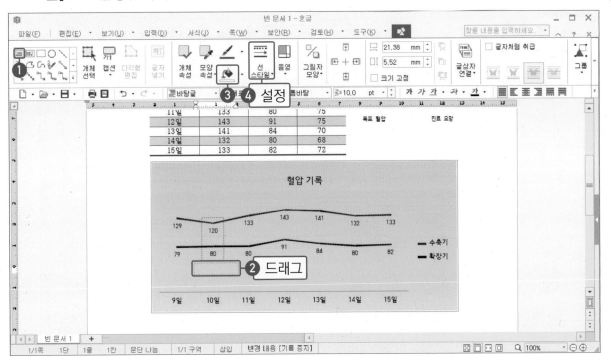

06 서식 도구 상자에서 [글자 색]은 오피스 테마의 '초록(RGB: 0,128,0)'으로 설정한 후 '목표 혈압'을 입력합니다.

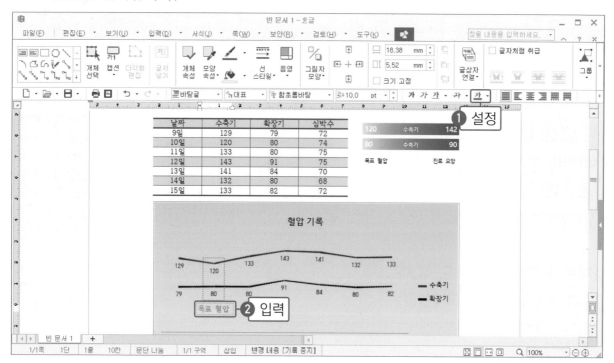

07 같은 방법으로 혈압이 제일 높은 12일과 13일에 오피스 테마의 '빨강(RGB: 255,0,0)'의 점선 사각형을 만듭니다. 사각형 아래에 선과 색이 없는 가로 글상자를 만들어 '진료 요망'을 입력한 후 글자 색은 오피스 테마의 '빨강(RGB: 255,0,0)'으로 설정합니다.

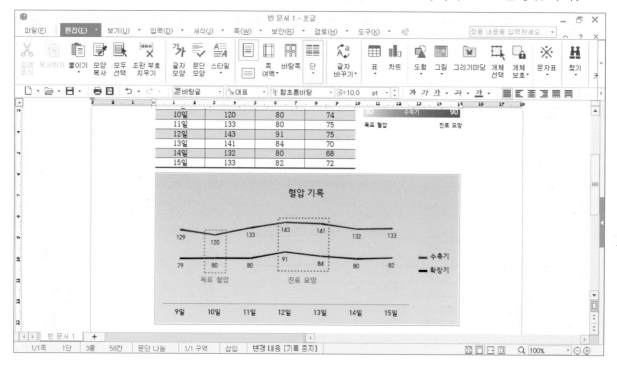

08 서식 도구 상자에서 [저장하기(📅)]를 클릭해 '혈압차트'라는 파일 이름으로 저장합니다.

01 다음과 같이 표를 만든 후 원형 차트를 만들어 봅니다.

- 차트 제목 : 지역별 판매량
- 차트 종류 : 자료점 이름표(값) 안쪽 표시 원형
- 차트 스타일 : 초록색/붉은색 혼합, 흰색 테두리, 그림자 모양

	2019	2020	2021
서울	45602	51346	34562
경기	56008	67032	66548
인천	34531	44673	65072

지역별 판매량

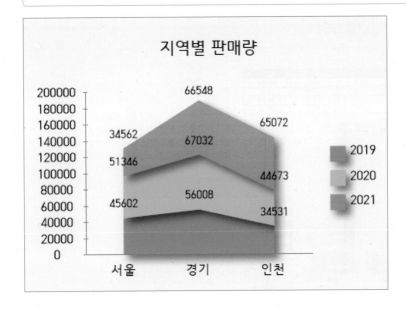

02 문제 **01**에서 만든 차트를 영역형 차트로 변경하고 차트 스타일도 변경해 봅니다.

- 차트 종류 : 자료점 이름표(값) 표시 누적 영역형
- 차트 스타일 : 초록색/붉은색 혼합, 그림자 모양, 연노란색 배경

지역별 판매량

03 문제 **02**에서 만든 문서를 '판매차트.hwp'로 저장해 봅니다.

04 다음 표를 활용해 묶은 세로 막대형 차트를 만들어 봅니다.

> - **차트 제목** : 한컴 소망 B, 10pt, 면 색 – 오피스 테마의 '노랑(RGB: 255,255,0)', 선 모양 – 한 줄로
> - **각주 모양** : 위치 – 왼쪽/위
> - **축 모양** : 주 격자선 – 선 없음
> - **범례** : 선 모양 – 한 줄로
> - **표 셀 배경색** : (A1:F1) 셀 – 오피스 테마의 '파랑(RGB: 0,0,255) 40% 밝게'
>   (A2:A5) 셀 – 오피스 테마의 '파랑(RGB: 0,0,255) 90% 밝게'

요인	20대	30대	40대	50대	평균
시간문제	54	56.2	59.3	53.2	55.68
동기부족	7.6	9.8	11.5	17.1	11.50
학습비용	15.4	14.9	13.2	15.4	14.73
기타	23	19.1	16	14.3	18.10

연령대별 평생학습 장애요인

(단위 : %)

힌트 : 각주 모양은 차트를 더블 클릭하고 마우스 오른쪽 버튼을 클릭한 후 [각주 모양]을 클릭해 설정합니다.

05 문제 **04**의 차트의 데이터 편집에서 행과 열을 바꿔준 후 계열의 자료점 이름표를 모두 표시합니다.

> - **차트 스타일** : 파스텔색, 수수깡 모양

요인	20대	30대	40대	50대	평균
시간문제	54	56.2	59.3	53.2	55.68
동기부족	7.6	9.8	11.5	17.1	11.50
학습비용	15.4	14.9	13.2	15.4	14.73
기타	23	19.1	16	14.3	18.10

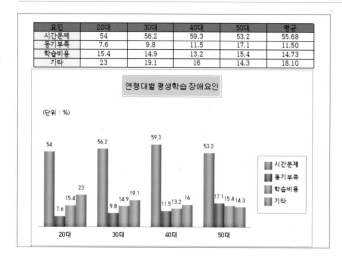

연령대별 평생학습 장애요인

06 문제 **05**에서 만든 문서를 '연령대별차트.hwp'로 저장해 봅니다.

07 메모지 만들기

- ▪ 편집 용지 설정하기
- ▪ 단 나누기
- ▪ 단에 구분선 넣기

미/리/보/기

📁 준비파일 : 메모배경01.jpg~메모배경06.jpg
📁 완성파일 : 메모지.hwp

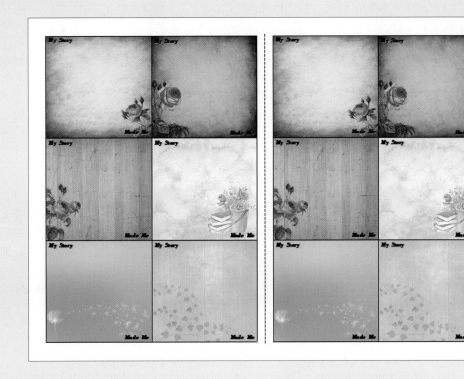

이번 장에서는 다단 편집에 대해 알아본 후 편집 용지를 설정할 때 단을 나누는 방법을

배워 봅니다. 그리고 표를 이용해 메모지의 틀을 만들고 셀 안에 각각 다른 그림을 넣어

여러 가지 배경의 예쁜 메모지를 만들어 보겠습니다.

125

01 다단에 대해 알아보기

▶ 다단이란?

다단이란 한 페이지를 여러 개의 단으로 나누는 기능입니다. 단을 나누면 문서가 정돈되어 보이는 효과가 있고 한 페이지 안에 많은 내용을 넣을 수 있어 공간을 효율적으로 활용할 수 있습니다. 주로 신문이나 잡지, 책의 목차 등을 만들 때 가독성을 높이기 위해 다단 편집을 사용합니다.

• 단 만들기 : [쪽] 탭-[단(▦)]-[둘]을 클릭하면 한 쪽을 두 개의 단으로 나눌 수 있습니다.

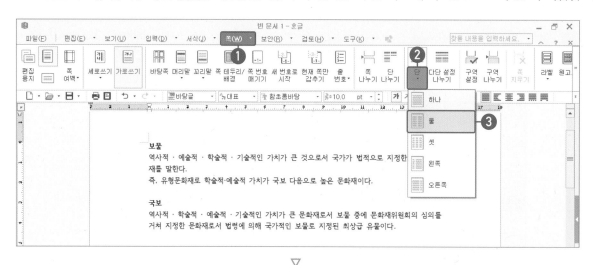

▽

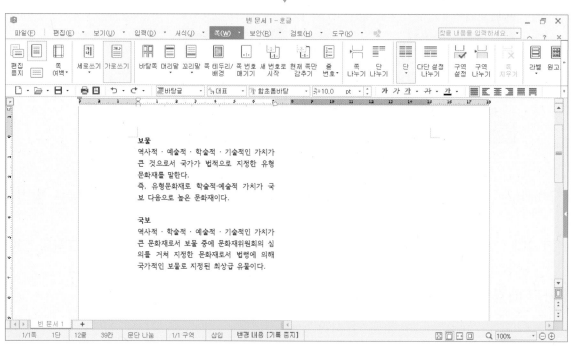

▶ 단 나누기

다음 단으로 이동해서 글을 입력하고 싶다면 [단 나누기(📋)]를 이용해 클릭한 곳 이후의 내용을 다음 단으로 옮길 수 있습니다.

- 단 나누기 : 단을 나누려는 곳을 클릭하고 [쪽] 탭-[단 나누기(📋)]를 클릭합니다. 클릭한 곳 이후의 내용이 다음 단으로 이동했습니다.

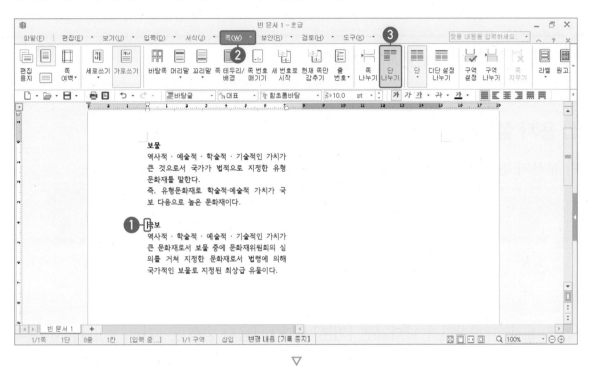

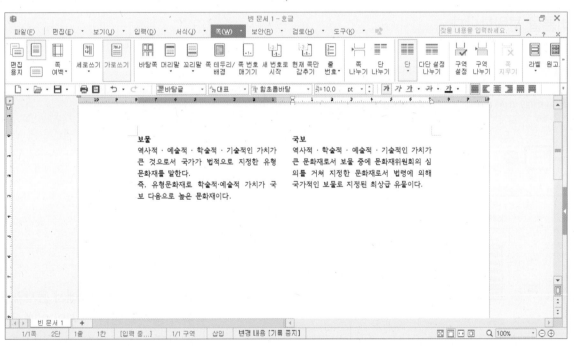

▶ 사용할 도구 알아보기

도구	설명
▦ (다단 설정)	한 페이지를 여러 개의 단으로 나눕니다.
▤ (내용 정렬)	셀에 입력한 내용의 정렬 방식을 설정합니다.

02 단을 나눠 메모지 만들기

▶ 편집 용지 설정하기

01 빈 문서의 편집 용지를 설정하기 위해 [쪽] 탭–[편집 용지(▤)]를 클릭합니다.

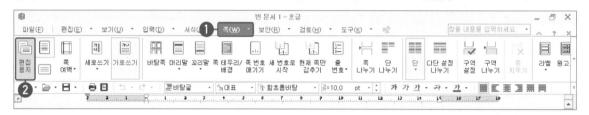

02 [편집 용지] 대화상자가 나타나면 [기본] 탭에서 [용지 방향]은 [가로(▭)], [용지 여백]의 [위쪽], [왼쪽], [오른쪽], [아래쪽]은 '10mm', [머리말], [꼬리말]은 '0mm'로 설정하고 [설정] 버튼을 클릭합니다.

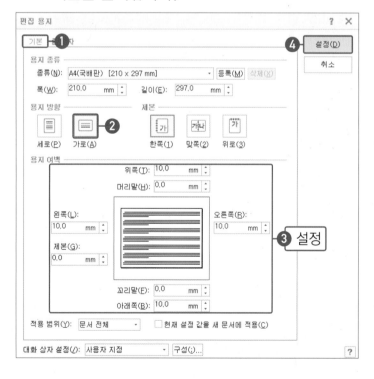

편집 용지
[편집 용지] 대화상자에서 용지의 종류와 용지의 방향, 용지의 여백 등을 설정하며 바로 가기 키는 F7 키입니다.

03 화면 아래쪽의 [쪽 맞춤(▣)]을 클릭해 가로로 변경된 편집 용지와 여백 등을 확인하고 단을 나누기 위해 [쪽] 탭-[단(▣)]-[둘]을 클릭합니다.

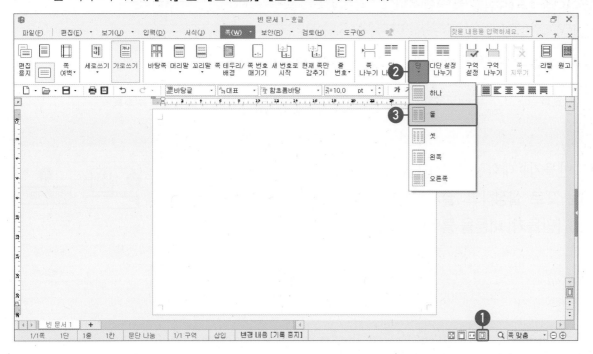

04 가로 눈금자에서 두 개의 단으로 나눠진 것을 확인할 수 있습니다.

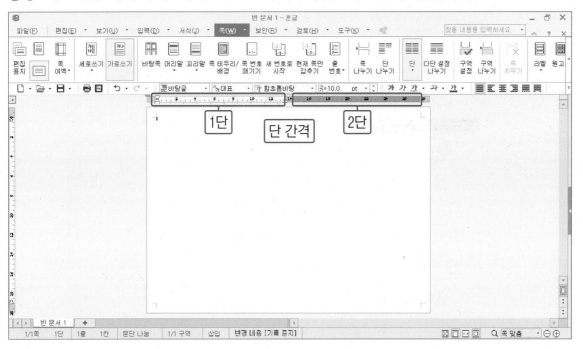

다단 편집 시 유의사항

화면에 입력된 내용이 없으면 단의 모양을 확인할 수 없기 때문에 문서 작업의 마무리 단계에서 단을 설정하는 것이 좋습니다. 예제에서는 메모지를 만들 것이기 때문에 글을 입력하지 않고 먼저 단을 나누었습니다.

▶ 메모지 틀 만들기

01 [편집] 탭-[표(▦)]를 클릭합니다.

02 [표 만들기] 대화상자에서 [줄 수]는 '3', [칸 수]는 '2'로 설정하고 '글자처럼 취급'에 체크한 후 [만들기] 버튼을 클릭합니다.

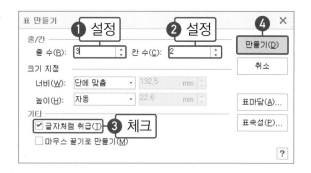

03 표 전체를 드래그하여 블록으로 지정한 후 표 아래쪽 경계선에 마우스를 가져가 마우스 모양이 ♣로 변하면 표를 아래로 드래그합니다.

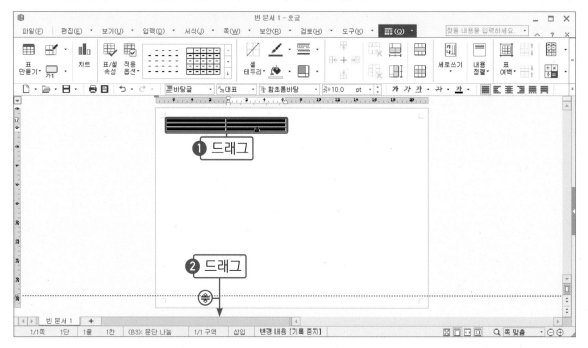

04 화면 아래쪽의 [화면 보기]를 '125%'로 설정합니다. [A1] 셀을 클릭한 후 [표(▦ (Q) ▾)] 탭–
[내용 정렬(▤)]–[세로 정렬]–[세로 위로 정렬]을 클릭합니다.

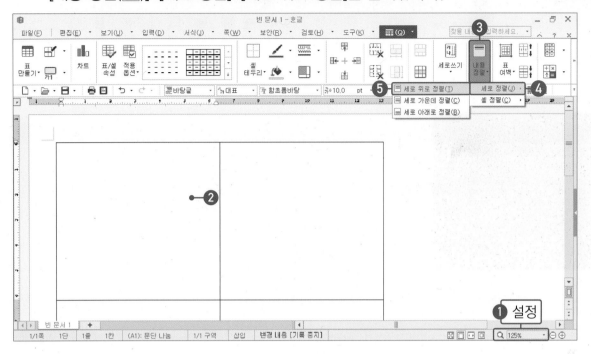

05 'My Story'를 입력한 후 [Enter] 키를 여러 번 눌러 셀 끝에 'Made Me'를 입력하고 서식 도구
상자에서 [오른쪽 정렬(▤)]을 클릭합니다.

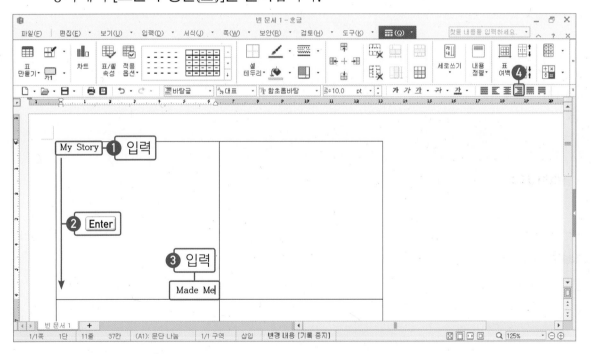

06 F5 키를 눌러 현재 셀을 블록으로 지정한 후 [편집] 탭-[글자 모양(가)]을 클릭합니다.

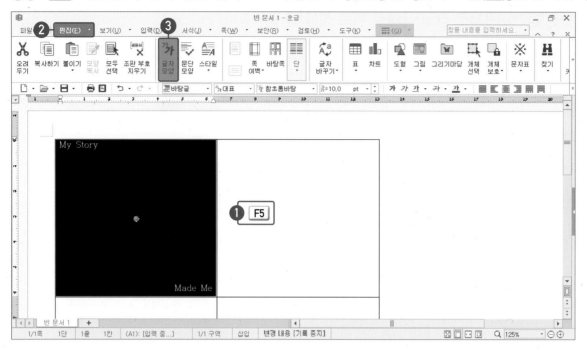

07 [글자 모양] 대화상자의 [기본] 탭에서 [글꼴]은 'Bodoni Bd BT Italic', [속성]은 [진하게(가)], [그림자(가)]로 설정한 후 [설정] 버튼을 클릭합니다.

08 [편집] 탭–[복사하기(📋)]를 클릭해 셀을 복사한 후 방향키에서 →️ 키를 눌러 [B1] 셀로 이동하고 [편집] 탭–[붙이기(📋)]를 클릭합니다.

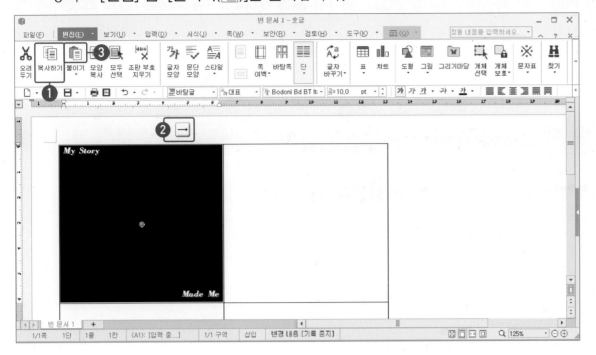

09 [셀 붙이기] 대화상자가 나타나면 [붙이기]에서 [내용만 덮어쓰기(▦)]를 선택한 후 [붙이기] 버튼을 클릭합니다.

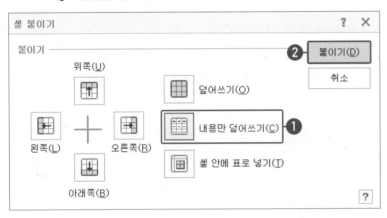

10 나머지 다섯 개의 셀도 [내용만 덮어쓰기(▦)]로 설정합니다.

▶ 셀 배경 채우기

01 첫 번째 칸을 클릭하고 [표( )] 탭–[셀 배경 색( )]의 에서 [다른 채우기]를 클릭합니다.

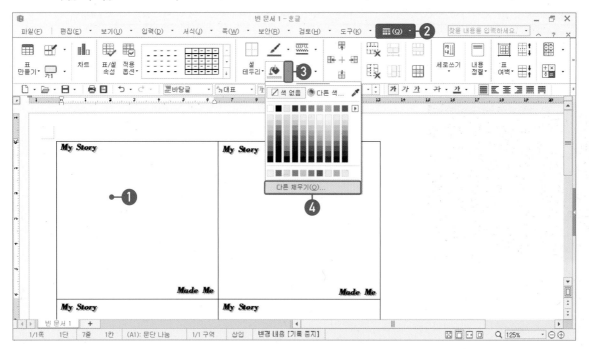

02 [셀 테두리/배경] 대화상자의 [배경] 탭에서 '그림'에 체크한 후 [그림 선택( )]을 클릭합니다. '메모배경01.jpg'를 선택하고 [넣기] 버튼을 클릭합니다.

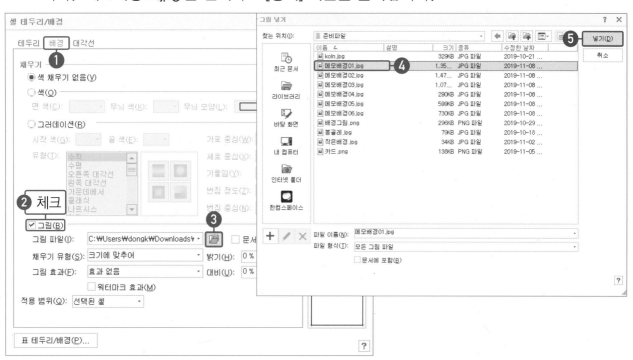

03 그림을 셀의 크기에 맞추기 위해 [채우기 유형]을 '크기로 맞추어'로 설정하고 '문서에 포함'에 체크한 후 [설정] 버튼을 클릭합니다.

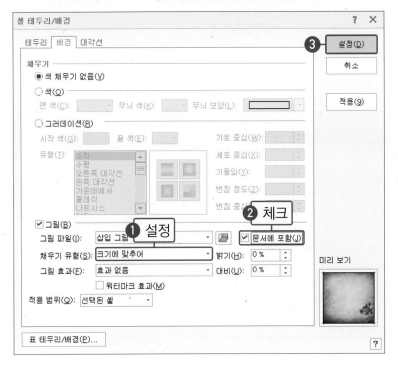

04 셀 크기에 맞춰 셀 배경에 그림이 삽입되었습니다.

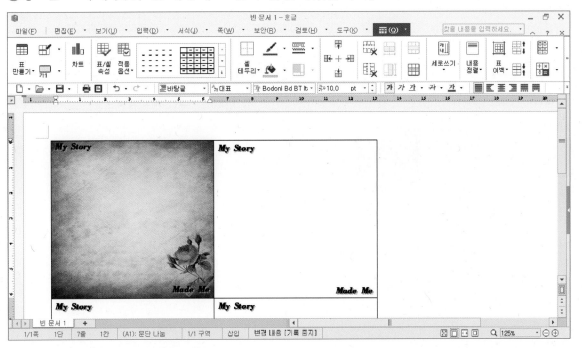

05 같은 방법으로 나머지 다섯 개의 셀 배경에 '메모배경02.jpg~메모배경06.jpg'를 삽입합니다.

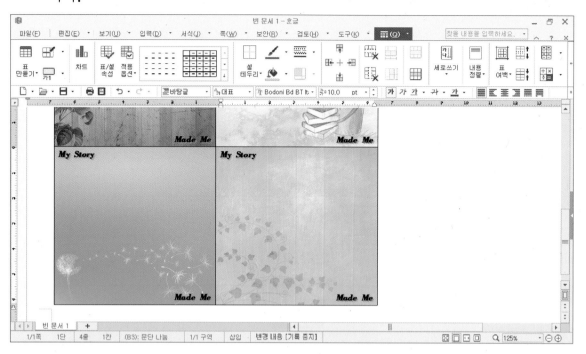

06 전체 화면을 보기 위해 화면 아래쪽의 [쪽 맞춤(□)]을 클릭합니다. 표를 선택한 후 [편집] 탭-[복사하기(□)]를 클릭합니다.

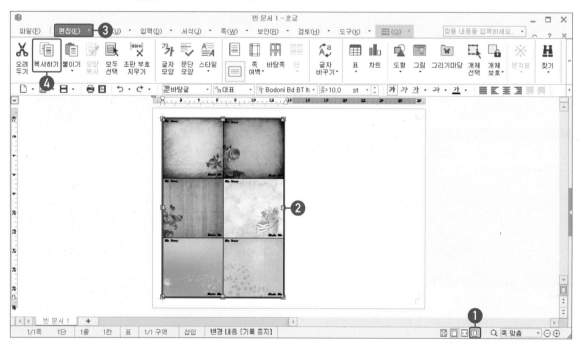

07 [편집] 탭–[붙이기(📋)]를 클릭해 다음 단에 메모지를 붙여 넣고 편집 용지를 클릭합니다.

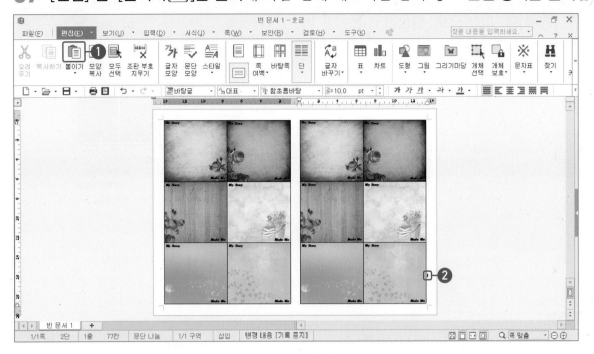

▶ 구분선 삽입하기

01 단과 단 사이에 구분선을 넣기 위해 [쪽] 탭–[다단 설정(▦)]을 클릭합니다.

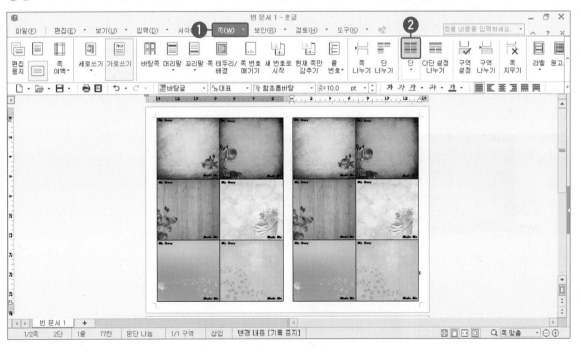

02 [단 설정] 대화상자에서 '**구분선 넣기**'에 체크한 후 [종류]를 '파선'으로 설정하고 [설정] 버튼을 클릭합니다.

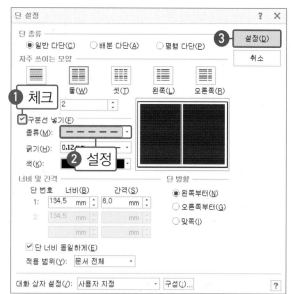

단 종류

단 종류는 단 개수가 '둘' 이상일 때 선택할 수 있고 단에 내용을 입력하는 방법에 따라 단 종류를 세 가지로 나눌 수 있습니다.

• **일반 다단** : 가장 기본적인 단 종류로 한 단씩 차례대로 내용을 입력할 수 있습니다.

• **배분 다단** : 각 단에 입력한 내용의 높이가 비슷해지도록 내용을 자동으로 조절합니다.

• **평행 다단** : 하나의 단에 내용을 모두 입력하지 않아도 다음 단으로 이동하여 내용을 입력할 수 있습니다. 용어 사전처럼 단어와 설명을 번갈아 나열할 때 평행 다단을 사용합니다.

03 단을 구분하는 구분선이 삽입되었습니다. 인쇄한 후 잘라서 메모지로 사용할 수 있습니다.

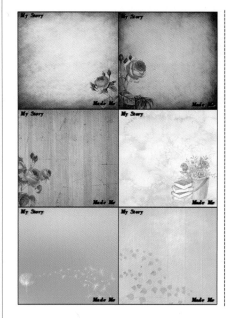

01 다음과 같이 표를 만들고 '여행01.jpg~여행04.jpg'를 셀 배경에 삽입해 봅니다.

준비파일 여행01.jpg~여행04.jpg

- **편집 용지**
  - 용지 방향 : 가로
  - 용지 여백 : 위쪽, 아래쪽 – 10mm, 왼쪽, 오른쪽 – 20mm, 머리말, 꼬리말, 제본 – 0mm
- **가로 글상자**
  - 기본 : 위치 – 글자처럼 취급
  - 선 : 사각형 모서리 곡률 – 반원
  - 채우기 : 기본 테마의 '바다색(RGB: 49,95,151)'
  - 글꼴 : 함초롱바탕, 15pt, 진하게, 가운데 정렬
- **그림** : 여행01.jpg, 여행02.jpg, 여행03.jpg, 여행04.jpg
- **단 설정**
  - 구분선 : 종류 – 원형 점선, 색 – 오피스 테마의 '검은 군청(RGB: 27,23,96)'

이탈리아 여행

 반원으로 설정한 가로 글상자를 먼저 만든 후에 [쪽] 탭–[다단 설정 나누기(▥)]를 클릭해 단을 둘로 나눕니다.

02 문제 **01**에서 만든 문서를 '사진첩.hwp'로 저장해 봅니다.

03 다음과 같이 편집 용지를 설정한 후 단을 나눠 내용을 입력하고 쪽 배경에 그라데이션을 넣어 초대장을 만들어 봅니다.

준비파일 리본.png

- 편집 용지 : 용지 방향 − 가로
- 단 설정
  - **구분선** : 종류 − 긴 파선, 색 − 오피스 테마의 '탁한 황갈(RGB: 131,77,0)'
  - **단 번호1** : 너비 − 70mm, 간격 − 12mm
  - **단 번호2** : 너비 − 155mm
  - **그림** : 리본.png
- 그리기마당 : 배경(무늬) − 무늬15, 글자처럼 취급, 가운데 정렬
- 쪽 배경 그러데이션 : 유형 − 그리움, 원형
- 시화전에 여러분을 초대합니다. : 문체부 제목 바탕체, 20pt
- 모시는 글 : 맑은 고딕, 20pt
- 본문 : 문체부 쓰기 정체, 15pt
- 일시, 장소, 주체 : 함초롬바탕, 15pt

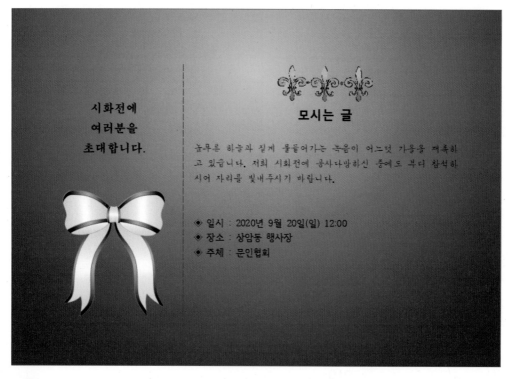

 힌트 단을 설정할 때 '단 너비 동일하게'에 체크해야 양쪽 단의 너비를 다르게 설정할 수 있습니다.

04 문제 **03**에서 만든 문서를 '시화전초대장.hwp'로 저장해 봅니다.

08 명함집 만들기

미ㆍ리ㆍ보ㆍ기

■ 준비파일 : 명함배경.jpg
■ 완성파일 : 명함집.hwp, 데이터.hwp, 명함집완성.hwp

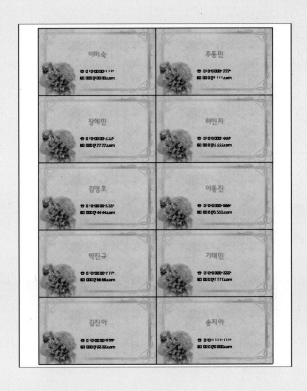

이번 장에서는 라벨과 메일 머지에 대해 알아보고 라벨 문서를 만든 후 메일 머지 기능을

이용해 명함집을 만들어 보겠습니다. 라벨 문서로 서식 파일을 만들고 서식 파일과 데이

터 파일을 결합하면 메일 머지를 만들 수 있습니다.

▶ 라벨이란?

라벨은 다른 대상과의 구분이나 관리의 편의성을 목적으로 파일이나 상품 등에 붙이는 이름표입니다.

▶ 라벨 문서 만들기 대화상자

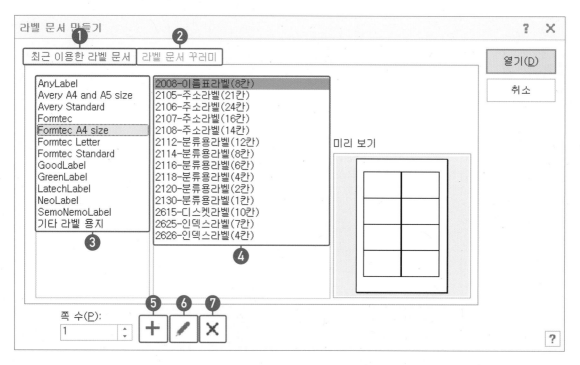

❶ **최근 이용한 라벨 문서** : 최근에 작업한 라벨 문서 목록이 나타납니다. 여기서 원하는 라벨 문서를 쉽게 불러올 수 있습니다.

❷ **라벨 문서 꾸러미** : 새로운 라벨 용지를 만들거나 이미 등록된 라벨 용지를 수정할 수 있고 사용하지 않는 라벨 용지를 삭제할 수 있습니다.

❸ **라벨 용지 제조 회사** : 라벨 용지 제조 회사 목록입니다.

❹ **라벨 용지 목록** : 선택한 제조 회사의 라벨 용지 제품 이름과 제품 번호가 나타납니다. 필요에 따라 원하는 라벨 용지를 구매하여 사용할 수 있습니다.

❺ **라벨 용지 만들기** : 새로운 라벨 용지 양식을 만듭니다.

❻ **라벨 용지 고치기** : 이미 등록된 라벨 용지의 이름을 수정하거나 경로를 새로 지정합니다.

❼ **라벨 용지 지우기** : 사용하지 않는 라벨 용지를 삭제합니다.

▶ 라벨 문서 만들기

[쪽] 탭-[라벨(📋)]-[라벨 문서 만들기]를 클릭합니다. [라벨 문서 만들기] 대화상자에서 라벨 용지 제조 회사와 라벨 용지를 선택하고 [열기] 버튼을 클릭하면 선택한 양식의 라벨 문서가 만들어 집니다.

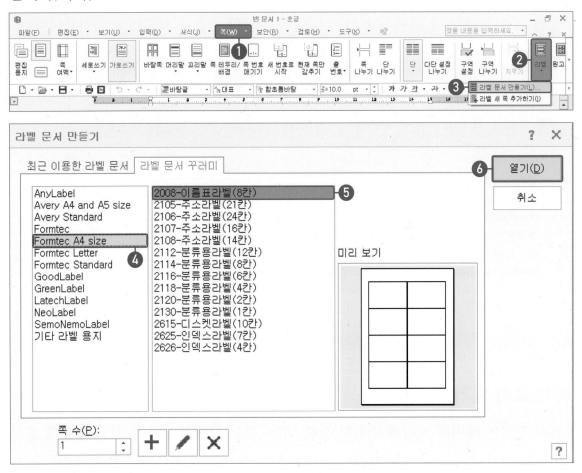

▶ 메일 머지란?

메일 머지란 똑같은 내용의 편지를 서로 다른 여러 사람에게 보낼 때 사용하는 기능입니다. 여러 명에게 같은 내용의 편지를 보낼 때 메일 머지 기능을 사용하면 같은 내용을 반복해서 입력하지 않아도 됩니다. 메일 머지를 사용하기 위해서는 받는 사람의 성명, 주소 등이 들어 있는 '데이터 파일'과 편지 내용이 담긴 '서식 파일'이 필요합니다.

▶ 데이터 파일

데이터 파일은 받는 사람의 성명, 주소 등이 들어 있는 파일로 서식 파일에서 바뀌는 부분을 입력합니다. 데이터 파일을 만들 때는 첫 줄에 반드시 필드 개수를 입력해야 합니다.

예를 들어 바뀌는 내용이 '이름', '전화번호', '이메일'이라면 세 개의 필드로 구성되어 있는 것이므로 첫 줄에 '3'을 입력한 후 둘째 줄부터는 데이터 파일의 내용을 차례대로 입력합니다.

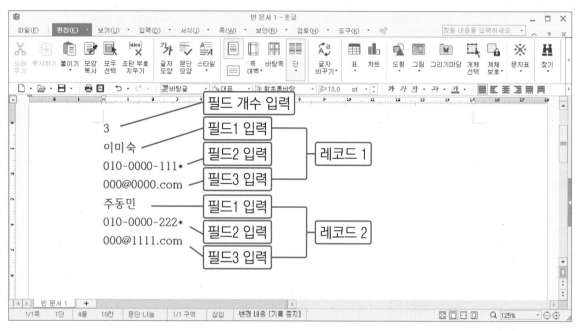

▶ 메일 머지 표시 달기

메일 머지 표시 달기는 데이터 파일에 입력한 성함, 주소 등이 들어갈 위치를 서식 파일에 표시하는 기능입니다. 데이터 파일을 서식 파일로 불러오면 메일 머지가 완성됩니다.

▲ 데이터 파일　　　　▲ 서식 파일　　　　▲ 메일 머지 완성

144

▶ 사용할 도구 알아보기

도구	설명
(라벨)	이름표, 명함 등의 원하는 라벨 문서를 손쉽게 만듭니다.
☒ (메일 머지)	메일 머지를 만들거나 클릭한 곳에 메일 머지 표시를 삽입합니다.

02 메일 머지로 명함집 만들기

▶ 라벨 문서 만들기

01 빈 문서에서 [쪽] 탭–[라벨(▤)]–[라벨 문서 만들기]를 클릭합니다.

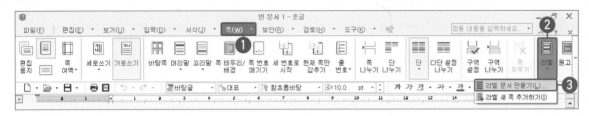

02 [라벨 문서 만들기] 대화상자의 [라벨 문서 꾸러미] 탭에서 'Formtec'을 클릭한 후 '명함지 (10칸) – 3700'을 선택하고 [열기] 버튼을 클릭합니다.

라벨 용지
라벨 용지 제조 회사를 선택하면 선택한 제조 회사의 라벨 용지 목록이 목록 상자에 나타납니다.

03 새로운 문서 창이 열리고 선택한 라벨 용지 스타일의 문서가 만들어 집니다.

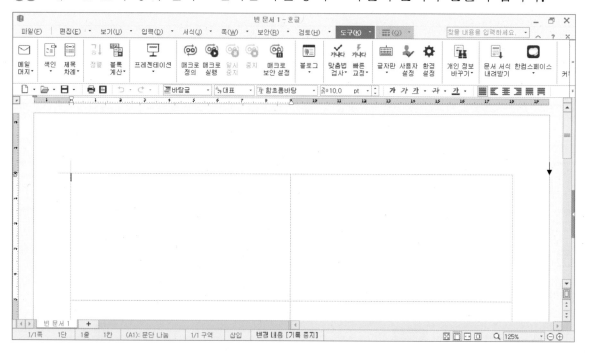

▶ 서식 파일 만들기

01 첫 번째 칸에서 명함의 이름이 들어갈 곳을 클릭하고 [도구] 탭-[메일 머지(✉)]의 [메일 머지 표시 달기]를 선택합니다. [메일 머지 표시 달기] 대화상자가 나타나면 [필드 만들기] 탭을 클릭한 후 [필드 번호나 이름을 입력하세요.]에 '1'을 입력하고 [넣기] 버튼을 클릭합니다.

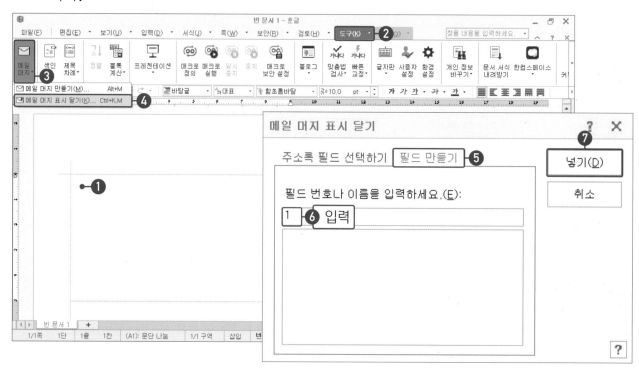

02 메일 머지 표시 {{1}}이 나타납니다. Enter 키를 두 번 눌러 두 줄을 띄고 문자표를 입력하기 위해 [편집] 탭-문자표(문자표)에서 [문자표]를 선택합니다.

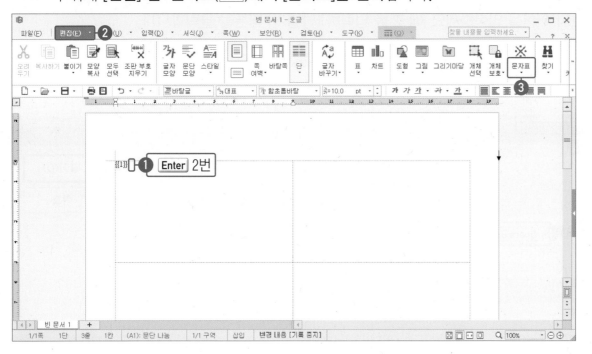

메일 머지 데이터 파일 종류
서식 파일에 내용을 입력하고 데이터 파일의 정보를 넣을 위치를 표시합니다. 윈도우 주소록, Outlook 주소록, 한글 파일, 한셀/엑셀 파일, DBF 파일 등을 데이터 파일로 사용할 수 있습니다.

03 [문자표 입력] 대화상자가 나타나면 [사용자 문자표] 탭에서 [문자 영역]의 '기호2'를 클릭한 후 '☎'를 선택하고 [넣기] 버튼을 클릭합니다.

04 '☎' 뒤에서 Space Bar 를 눌러 한 칸 띄고 [도구] 탭–[메일 머지(✉)]–[메일 머지 표시 달기]를 클릭합니다. [메일 머지 표시 달기] 대화상자에서 [필드 만들기] 탭을 클릭한 후 [필드 번호나 이름을 입력하세요.]에 '2'를 입력하고 [넣기] 버튼을 클릭합니다.

05 메일 머지 표시 {{2}}가 나타나면 Enter 키를 누르고 [입력] 탭–[문자표(문자표)]에서 [문자표]를 클릭합니다. [문자표 입력] 대화상자가 나타나면 [사용자 문자표] 탭에서 [문자 영역]의 '특수기호 및 딩뱃기호'를 클릭한 후 '✉'를 선택하고 [넣기] 버튼을 클릭합니다.

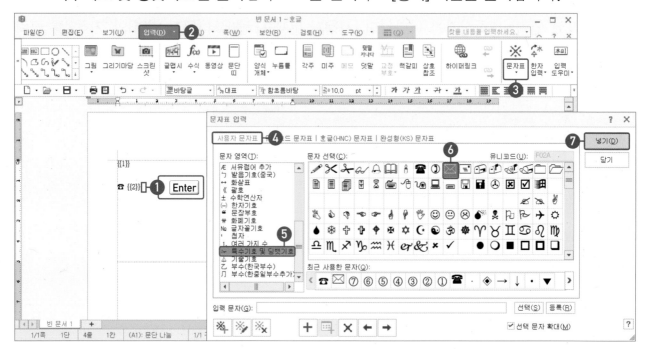

06 같은 방법으로 메일 머지 표시 {{3}}을 넣습니다.

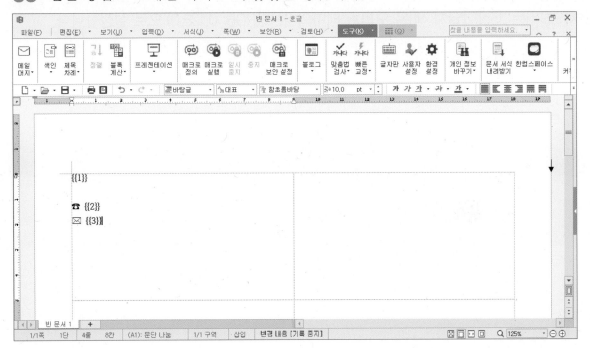

07 F5 키를 세 번 눌러 라벨 전체를 블록으로 지정한 후 서식 도구 상자에서 [가운데 정렬 (▤)]을 클릭합니다.

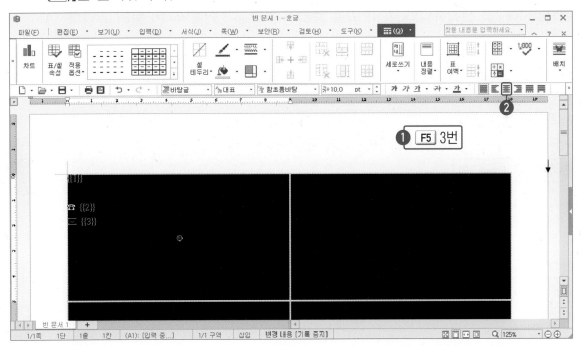

08 {{1}}을 드래그하여 블록으로 지정한 후 서식 도구 상자에서 [글꼴]은 '한컴 윤고딕 230', [글자 크기]는 '15pt', [글자 색]은 오피스 테마의 '초록(RGB: 0,128,0)'으로 설정합니다.

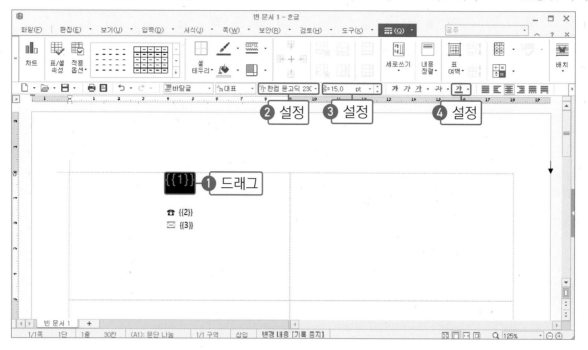

09 {{2}}, {{3}}을 드래그하여 블록으로 지정한 후 서식 도구 상자에서 [글꼴]은 '맑은 고딕', [글자 크기]는 '9pt'로 설정합니다. {{1}} 앞을 클릭한 후 Enter 키를 두 번 눌러 줍니다.

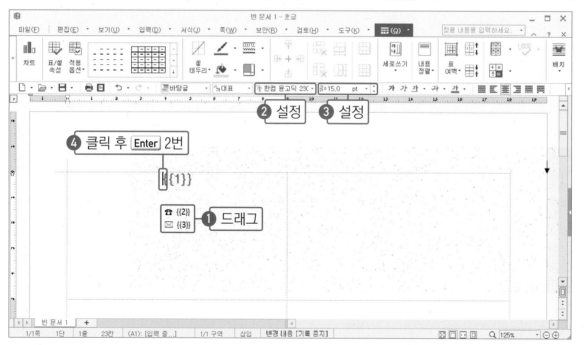

10 같은 방법으로 두 번째~열 번째 칸에 메일 머지 표시를 {{30}}까지 달아 줍니다.

11 [F5] 키를 세 번 눌러 표 전체를 블록으로 지정하고 [표(▦ (Q) ▾)] 탭–[셀 배경 색(▩ ▾)]의 ▾를 클릭한 후 [다른 채우기]를 선택합니다.

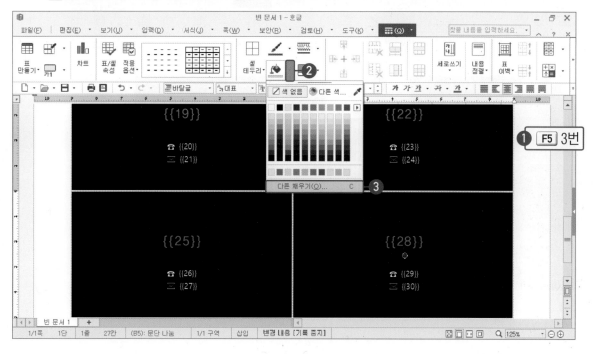

12 [셀 테두리/배경] 대화상자가 나타나면 [배경] 탭에서 '그림'에 체크한 후 [그림 선택(▣)] 을 클릭합니다. [그림 넣기] 대화상자가 나타나면 '명함배경.jpg'를 찾아 선택하고 '문서에 포함'에 체크한 후 [넣기] 버튼을 클릭합니다. [채우기 유형]은 '크기에 맞추어'로 설정하고 [설정] 버튼을 클릭합니다.

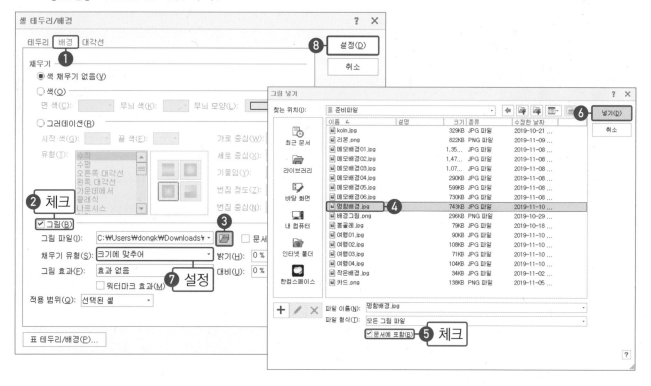

13 구분선을 표시하기 위해 [표(Ⅲ(Q) ▼)] 탭-[셀 테두리(셀 테두리▼)]-[모두( )]를 클릭합니다.

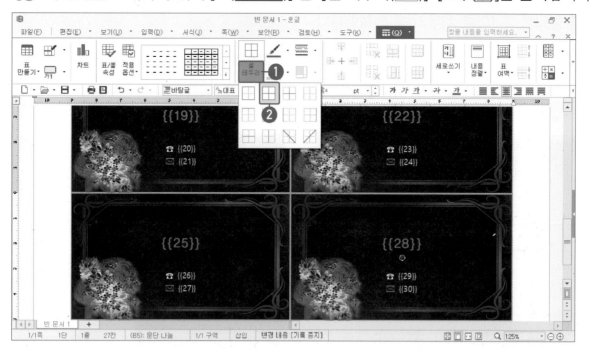

14 [쪽 맞춤( )]을 클릭해 명함 서식 파일 전체를 확인한 후 문서를 저장하기 위해 서식 도구 상자에서 [저장하기( )]를 클릭하고 '명함집'이라는 파일 이름으로 저장합니다.

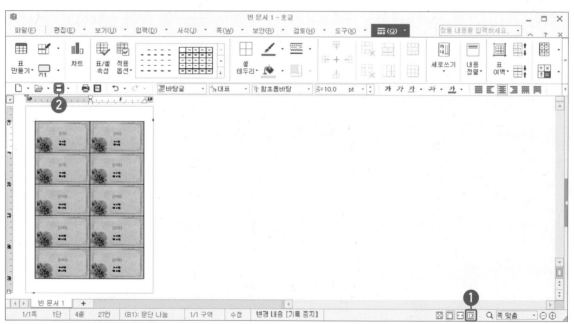

152

▶ 데이터 파일 만들기

01 새 문서를 만들기 위해 서식 도구 상자에서 [새 문서(□)]를 클릭합니다.

02 '이름', '전화번호', '이메일 주소' 세 가지를 입력할 것이기 때문에 첫 줄에 '3'을 입력한 후 정보를 차례대로 입력합니다.

03 총 열 명의 정보를 입력하고 서식 도구 상자에서 [저장하기(□)]를 클릭한 후 '데이터'라는 파일 이름으로 저장합니다.

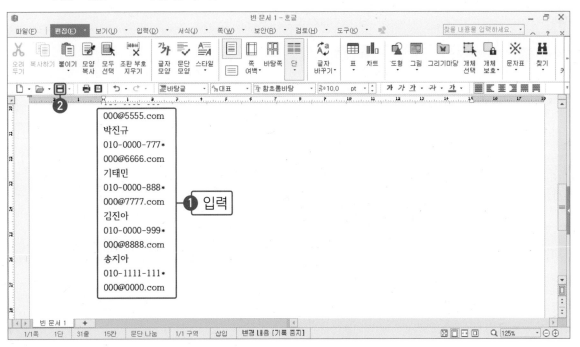

▶ 메일 머지 만들기

01 메일 머지를 만들기 위해 다시 '명함집.hwp' 파일을 실행합니다. [도구] 탭–[메일 머지(✉)]
에서 [메일 머지 만들기]를 클릭합니다.

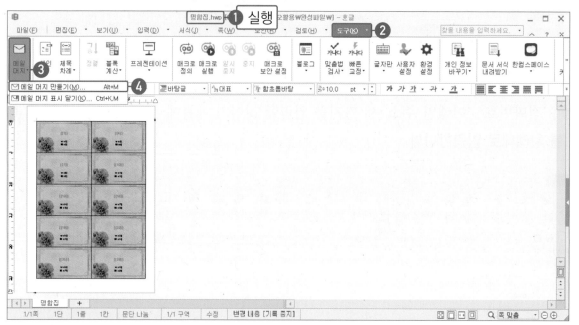

02 [메일 머지 만들기] 대화상자에서 [자료 종류]는 '한글 파일'을 선택하고 [파일 선택(📁)]을
클릭합니다. [한글 파일 불러오기] 대화상자에서 '데이터.hwp'를 선택하고 [열기] 버튼을
클릭합니다.

03 메일 머지의 결과를 파일로 저장하기 위해 [출력 방향]에서 '파일'을 선택하고 [파일 선택 (📂)]을 클릭합니다. [훈글 파일 저장하기] 대화상자가 나타나면 [저장 위치]를 설정하고 파일 이름 입력란에 '명함집완성'을 입력한 후 [저장] 버튼을 클릭합니다.

메일 머지의 출력 방향

메일 머지 결과를 '프린터', '화면', '파일', '메일' 중에서 어디로 출력할지 선택할 수 있습니다.

04 '명함집완성.hwp'를 실행하면 서식 파일(명함집.hwp)에 데이터 파일(데이터.hwp)이 결합된 메일 머지 파일을 확인할 수 있습니다.

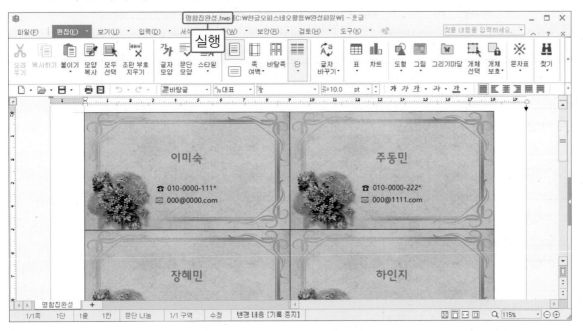

01 메일 머지에 사용할 서식 파일을 다음과 같이 만들어 '주소록.hwp'로 저장해 봅니다.

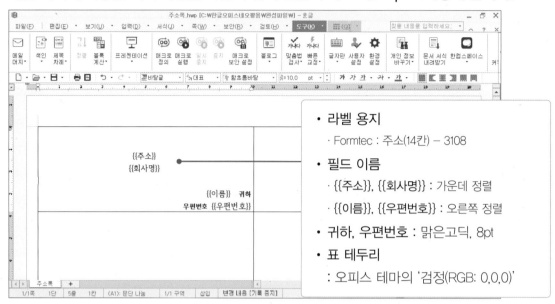

- **라벨 용지**
  - Formtec : 주소(14칸) – 3108
- **필드 이름**
  - {{주소}}, {{회사명}} : 가운데 정렬
  - {{이름}}, {{우편번호}} : 오른쪽 정렬
- **귀하, 우편번호 : 맑은고딕, 8pt**
- **표 테두리**
  : 오피스 테마의 '검정(RGB: 0,0,0)'

02 문제 **01**에서 만든 '주소록.hwp' 파일에서 '주소록.xlsx' 파일을 불러오고 출력 방향을 '파일'로 선택해 '주소록완성.hwp'로 저장해 봅니다.

준비파일 주소록.xlsx

[메일 머지 만들기] 대화상자에서 [자료 종류]를 '한셀/엑셀 파일'로 선택한 후 [시트 선택] 창에서 'Sheet1'을 선택하고 [주소록 레코드 선택] 창에서 주소가 모두 선택된 상태로 진행합니다.

03 메일 머지에서 사용할 서식 파일을 다음과 같이 만들어 '이름표.hwp'로 저장해 봅니다.

준비파일 이름표배경.png

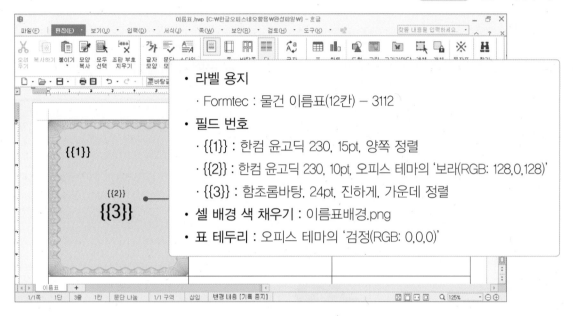

- 라벨 용지
  - Formtec : 물건 이름표(12칸) − 3112
- 필드 번호
  - {{1}} : 한컴 윤고딕 230, 15pt, 양쪽 정렬
  - {{2}} : 한컴 윤고딕 230, 10pt, 오피스 테마의 '보라(RGB: 128,0,128)'
  - {{3}} : 함초롬바탕, 24pt, 진하게, 가운데 정렬
- 셀 배경 색 채우기 : 이름표배경.png
- 표 테두리 : 오피스 테마의 '검정(RGB: 0,0,0)'

04 총 열두 명의 '부서', '기수', '이름'을 입력한 데이터 파일을 만들어 '이름표 데이터.hwp'로 저장합니다. 그리고 문제 **03**에서 만든 '이름표.hwp' 파일에서 메일 머지를 완성해 '이름표완성.hwp'로 저장해 봅니다.

총무부 23기 신이수	영업부 20기 주영수	기획부 21기 김진영
총무부 21기 진서은	영업부 20기 홍민서	디자인부 24기 김이서
마케팅부 20기 이진수	홍보부 21기 송이라	영업부 23기 조수아
디자인부 22기 이상수	홍보부 19기 구도회	기획부 24기 주영아

09 저금통 전개도 만들기

- ▪ 직선으로 대각선 그리기
- ▪ 도형을 그림으로 채우기
- ▪ 글 뒤로 배치하기
- ▪ 글맵시 만들기

미 / 리 / 보 / 기

■ 준비파일 : 저금통01.png, 저금통02.png
■ 완성파일 : 저금통.hwp

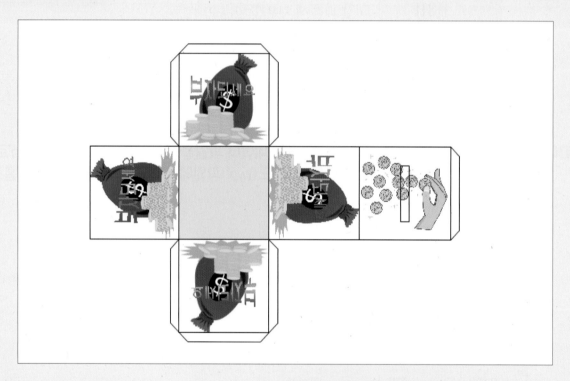

이번 장에서는 글맵시 기능에 대해 알아보고 도형을 활용해 저금통의 전개도를 만들어 보

겠습니다. 도형 안에 그림을 넣는 방법과 글맵시를 이용해 글자를 예쁘게 꾸미는 방법도

함께 알아봅니다.

글맵시에 대해 알아보기

▶ 글맵시

글맵시는 글자를 구부리거나 회전하는 등 글자 모양을 자유롭게 꾸밀 때 사용하는 기능입니다. 글맵시를 이용해 재미있는 글자 모양을 만들 수 있으며 보고서나 전단지를 만들 때 글맵시를 사용하면 주목성을 높일 수 있습니다.

▶ 글맵시 만들기

[입력] 탭-[글맵시(꺄댜)]를 클릭합니다. 내용 입력란에 글을 입력하고 [글꼴], [글맵시 모양] 등을 설정한 후 [설정] 버튼을 클릭하면 설정한 대로 글맵시가 만들어 집니다.

▶ [글맵시] 탭

[글맵시(⬛)] 탭에서 글맵시 만들기, 글맵시 모양, 글맵시 그림자 이동 등 글맵시를 편집하는 작업을 할 수 있습니다.

❶ 글맵시 만들기 : 원하는 글맵시를 선택하여 삽입하거나 직접 글맵시를 만들 수 있습니다.

❷ 내용 편집 : 선택한 글맵시의 내용을 수정합니다.

❸ 개체 선택 : 개체를 선택할 때 사용합니다.

❹ 캡션 : 필요에 따라 글맵시에 번호, 제목, 간단한 설명 등을 붙이는 기능입니다.

❺ 개체 속성 : 개체의 속성을 변경할 수 있도록 [개체 속성] 대화상자를 불러옵니다.

❻ 스타일 : 다양한 스타일의 글맵시를 제공합니다.

❼ 선 색 : 글맵시의 테두리 색을 변경합니다.

❽ 채우기 : 글맵시의 글자 색을 변경합니다.

❾ 음영 : 글맵시의 음영을 설정합니다.

❿ 선 스타일 : 글맵시의 선 스타일을 설정합니다.

⓫ 글맵시 모양 : 다양한 종류의 글맵시 모양을 제공합니다.

⓬ 문단 정렬 : 글맵시의 문단 정렬 방식을 설정합니다.

⓭ 그림자 적용 : 글맵시에 그림자를 적용하거나 제거할 수 있습니다.

⓮ 글맵시 그림자 이동 : 선택한 화살표 방향으로 글맵시의 그림자를 2%씩 이동합니다.

⓯ 크기 : 글맵시의 너비와 높이를 지정합니다. 두 개 이상의 글맵시를 선택해 너비와 높이를 동일하게 설정할 수 있습니다.

▶ 사용할 도구 알아보기

도구	설명
가나다 (글맵시)	원하는 글맵시를 선택하여 삽입하거나 직접 글맵시를 만듭니다.

도형으로 저금통 전개도 만들기

▶ 격자 설정하기

01 빈 문서의 편집 용지를 설정하기 위해 [쪽] 탭-[편집 용지(▤)]를 클릭합니다.

02 [편집 용지] 대화상자의 [기본] 탭에서 [용지 방향]은 [가로(▤)], [용지 여백]의 [위쪽]과 [아래쪽]은 '10mm', [왼쪽]과 [오른쪽]은 '20mm', [머리말]과 [꼬리말]은 '10mm'로 설정하고 [설정] 버튼을 클릭합니다.

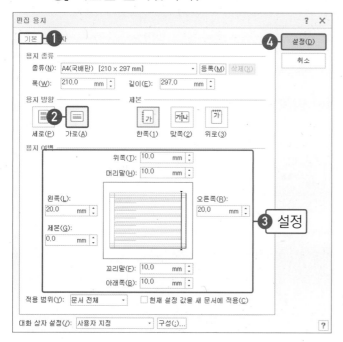

03 [보기] 탭-[격자(격자)]에서 [격자 설정]을 클릭합니다.

04 [격자 설정] 대화상자에서 [격자 보기]를 체크하고 [가로/세로선(▦)]을 선택합니다. [격자 방식]은 '격자에만 붙이기'로, [격자 간격]의 [가로]와 [세로]는 '10mm'로 설정하고 [설정] 버튼을 클릭합니다.

▶ 전개도 그리기

01 [입력] 탭–[직사각형(□)]을 클릭하고 대각선 방향으로 드래그하여 정사각형을 그립니다.

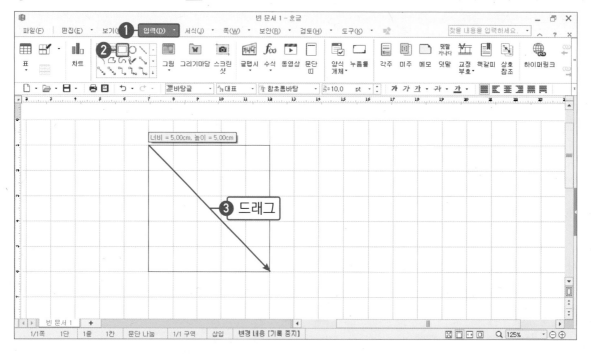

 잠깐

격자에만 붙이기
격자를 설정할 때 '격자에만 붙이기'로 설정했기 때문에 격자에 맞춰 정사각형을 그릴 수 있습니다.

02 정사각형이 선택된 상태에서 [도형(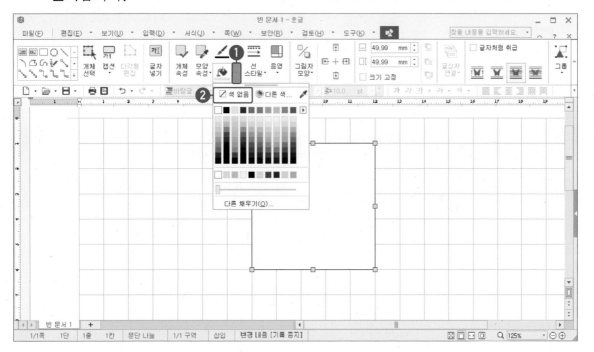)] 탭–[채우기()]의 를 클릭한 후 [색 없음]을
선택합니다.

03 [보기] 탭에서 [쪽 맞춤()]을 선택한 후 다음과 같이 다섯 개의 정사각형을 그려 줍니다.

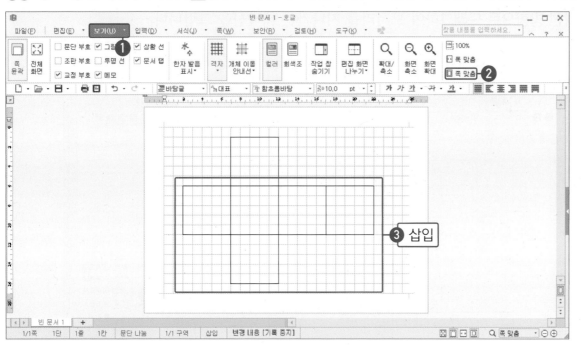

04 풀칠할 면을 그리기 위해 [보기] 탭–[격자(격자)]의 [격자 설정]을 클릭한 후 [격자 설정] 대화상자에서 [격자 간격]의 [가로]와 [세로]를 '5mm'로 설정하고 [설정] 버튼을 클릭합니다.

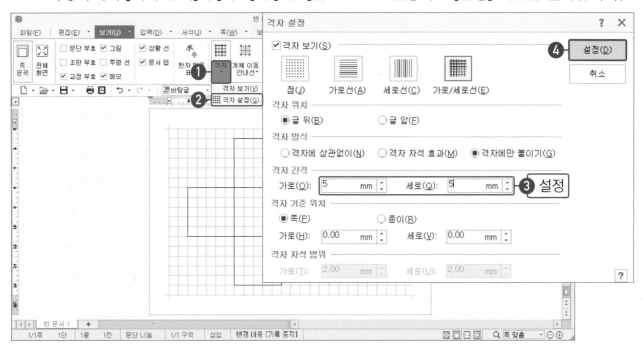

05 화면을 확대하기 위해 [쪽 맞춤]–[125%]를 클릭합니다. [입력] 탭–직선[\]]을 클릭한 후 대각선 방향으로 드래그하여 모서리를 지나가는 대각선을 그립니다.

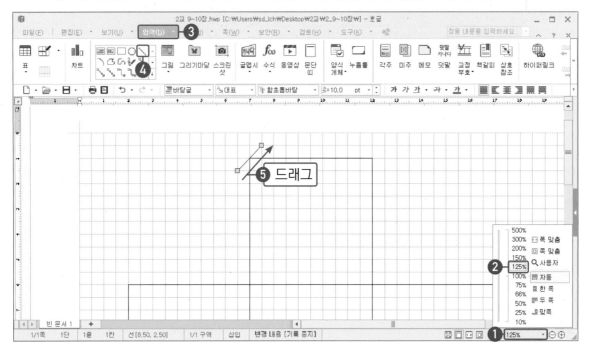

06 다시 [직선(⟍)]을 클릭하고 대각선 끝에서부터 드래그하여 가로선을 그린 후 한 번 더 드래그하여 정사각형의 오른쪽 모서리를 지나는 대각선을 그립니다.

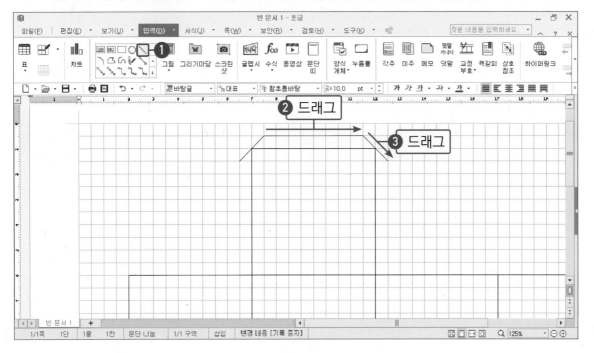

07 같은 방법으로 정사각형의 왼쪽과 오른쪽에 풀칠하는 면을 각각 그려 줍니다.

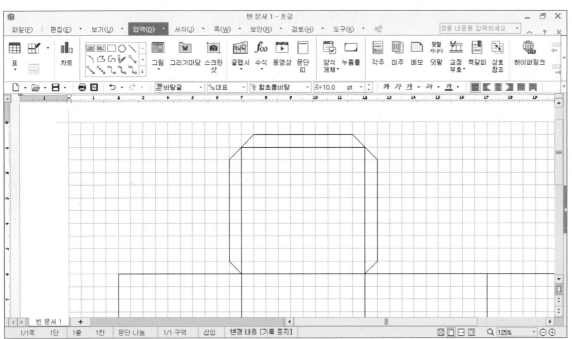

08 아래쪽 정사각형과 오른쪽 정사각형에도 다음과 같이 풀칠하는 면을 그려 줍니다. [쪽 맞춤(▣)]을 클릭해 전개도를 확인합니다.

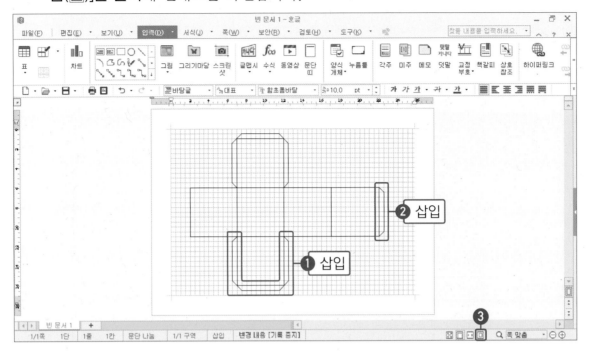

09 [입력] 탭-[직사각형(□)]을 선택한 후 가장 오른쪽 정사각형 위에 드래그하여 직사각형을 그립니다. 동전이 들어갈 정도의 적당한 크기로 그립니다.

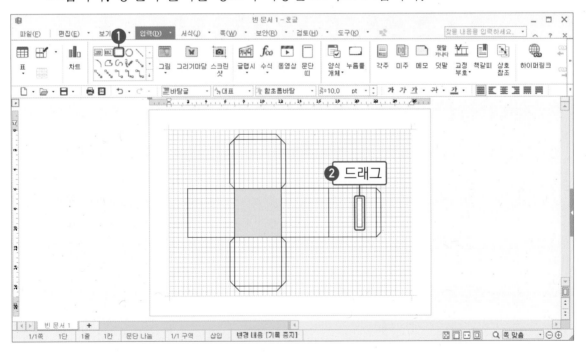

▶ 배경 채우기

01 가운데의 정사각형을 선택한 후 [도형(📐)] 탭–[채우기(🎨 ▾)]의 ▾를 클릭해 오피스 테마의 '검정(RGB: 0,0,0) 90% 밝게'를 선택합니다.

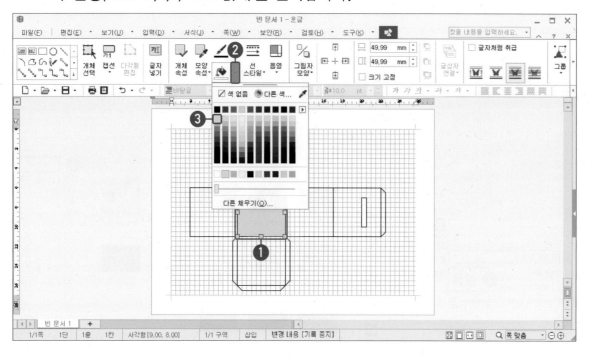

02 Esc 키를 눌러 선택을 해제한 후 옆면의 정사각형 네 개를 Shift 키를 누른 채 클릭하고 [도형(📐)] 탭–[개체 속성(🔲)]을 선택합니다.

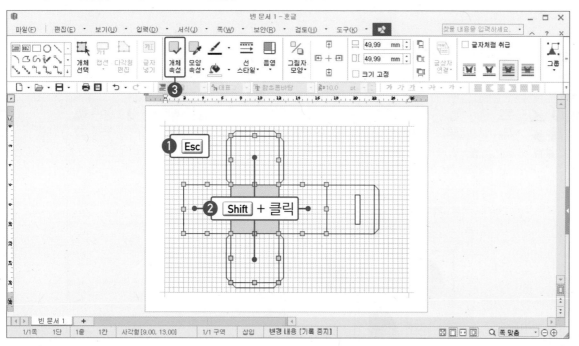

03 [개체 속성] 대화상자가 나타나면 [채우기] 탭에서 '그림'에 체크한 후 [그림 선택(▣)]을 클릭합니다. [그림 넣기] 대화상자에서 '저금통01.png'를 선택한 후 '문서에 포함'에 체크하고 [넣기] 버튼을 클릭합니다. [개체 속성] 대화상자로 돌아와 [채우기 유형]을 '크기에 맞추어'로 설정한 후 [설정] 버튼을 클릭합니다.

04 옆면의 정사각형에 '저금통01.png' 그림이 채워졌습니다.

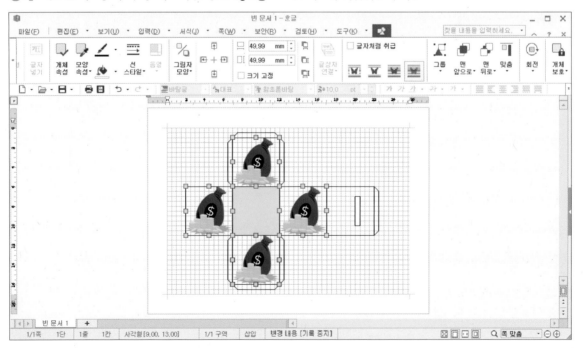

05 Esc 키를 눌러 선택을 해제한 후 **왼쪽 정사각형을 클릭합니다.** [도형(圖)] 탭–[회전(◉)]–
[왼쪽으로 90도 회전]을 클릭해 저금통을 접었을 때의 방향을 생각하며 그림을 회전합니
다.

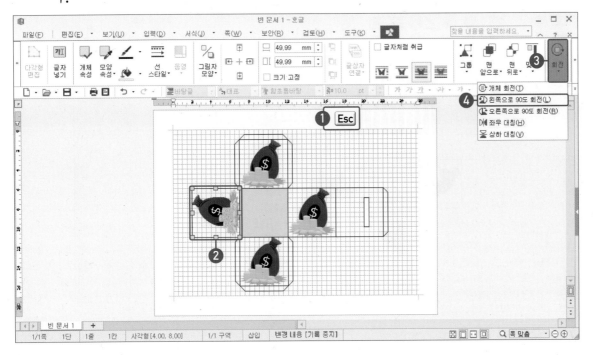

06 같은 방법으로 오른쪽 정사각형을 [오른쪽으로 90도 회전]으로 설정하고 아래쪽 정사각
형은 [오른쪽으로 90도 회전]을 두 번 실행합니다.

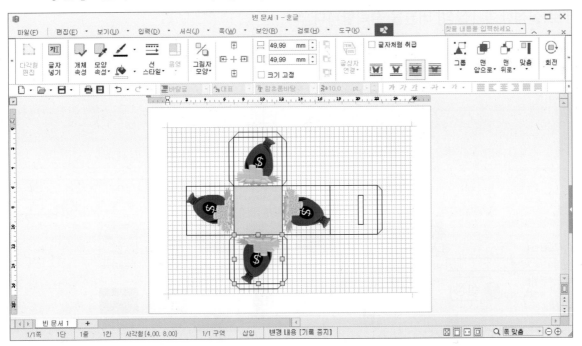

07 가장 오른쪽의 정사각형을 선택한 후 [도형(📷)] 탭–[채우기(📷 ·)]의 ▾를 클릭하고 [다른 채우기]를 선택합니다.

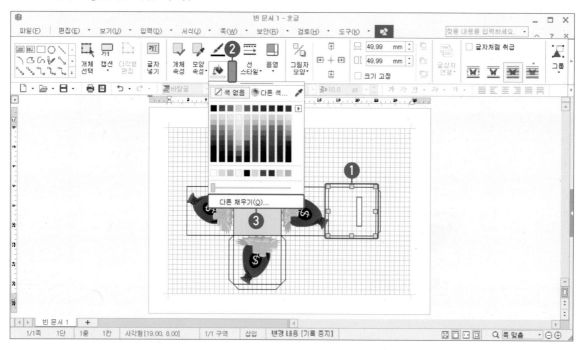

08 [개체 속성] 대화상자가 나타나면 [채우기] 탭에서 '그림'에 체크한 후 [그림 선택(📷)]을 클릭합니다. [그림 넣기] 대화상자에서 '저금통02.png'를 선택한 후 '문서에 포함'에 체크하고 [넣기] 버튼을 클릭합니다. [개체 속성] 대화상자로 돌아와 [채우기 유형]을 '크기에 맞추어'로 설정한 후 [설정] 버튼을 클릭합니다.

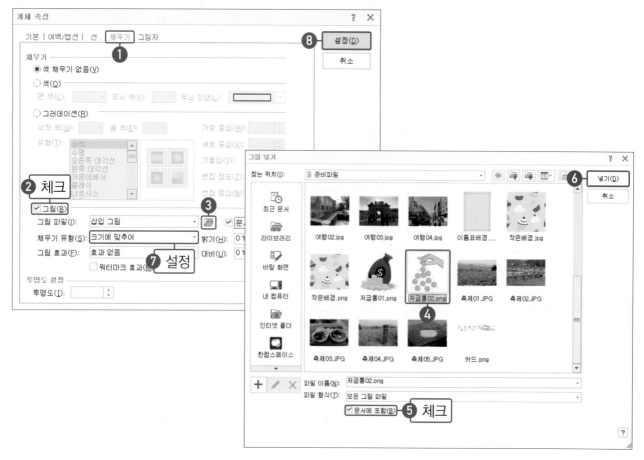

▶ 글맵시 만들기

01 [입력] 탭에서 [글맵시(꺼내)]를 선택합니다.

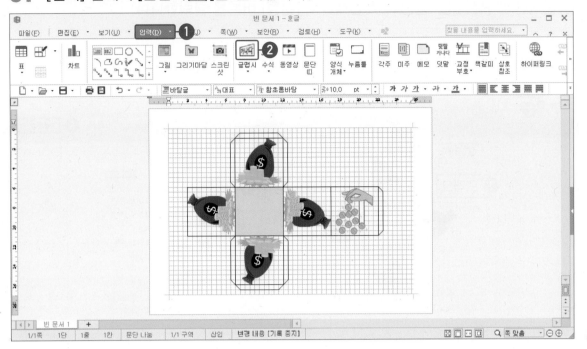

02 [글맵시 만들기] 대화상자에서 내용 입력란에 '부자되세요'를 입력한 후 [글꼴]은 '양재 튼튼B', [글맵시 모양]은 [왼쪽으로 팽창(▶)]을 선택한 후 [설정] 버튼을 클릭합니다.

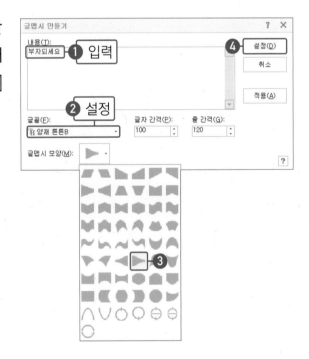

03 글맵시가 삽입되면 글맵시의 모서리를 대각선 방향으로 드래그해 크기를 키운 후 [글맵시 (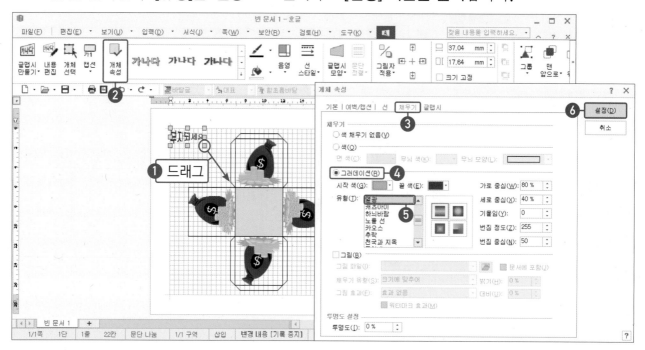)] 탭-[개체 속성(▢)]을 클릭합니다. [개체 속성] 대화상자의 [채우기] 탭에서 '그러데이션'을 선택한 후 [유형]을 '열광'으로 선택하고 [설정] 버튼을 클릭합니다.

04 글맵시를 드래그해 윗면의 정사각형에 배치합니다. 글맵시가 보이도록 정사각형을 선택한 후 [도형(▨)] 탭-[글 뒤로(▤)]를 클릭합니다.

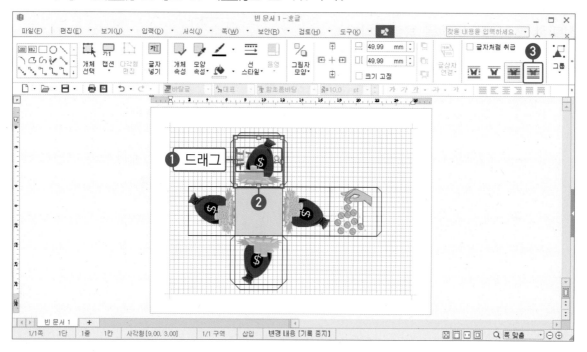

05 Ctrl 키를 누른 채 글맵시를 드래그하여 복사한 후 왼쪽 정사각형의 그림 방향에 맞춰 [글맵시(▣)] 탭-[회전(◎)]-[왼쪽으로 90도 회전]을 선택합니다.

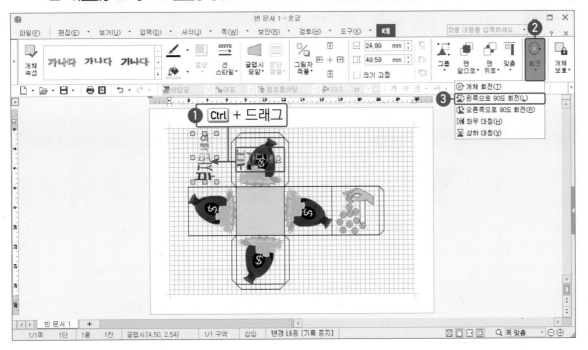

06 회전한 글맵시를 드래그해 왼쪽 정사각형에 배치하고 왼쪽 정사각형을 선택한 후 [도형(▣)] 탭-[글 뒤로(▤)]를 클릭합니다.

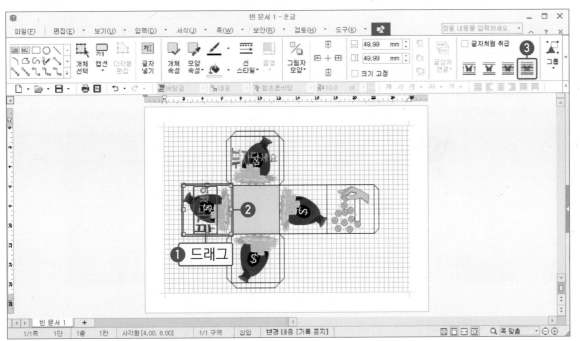

07 같은 방법으로 다른 옆면의 정사각형에도 글맵시를 복사하여 배치해 봅니다.

08 [보기] 탭–[격자(▦)]를 클릭하여 격자를 숨깁니다.

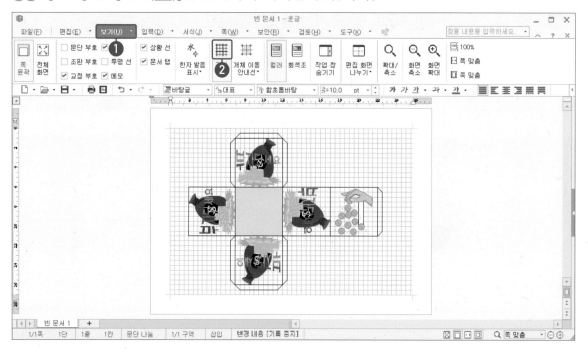

09 서식 도구 상자의 [저장하기(▤)]를 클릭해 '저금통.hwp'라는 파일 이름으로 저장합니다.

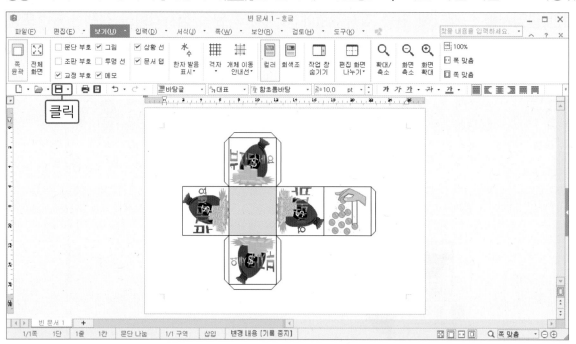

10 '저금통.hwp' 문서를 인쇄한 후 선대로 자르고 풀칠하면 저금통을 완성할 수 있습니다.

01 다음과 같이 주사위 전개도를 만들고 '주사위 전개도' 라는 글맵시를 삽입해 봅니다.

- 정육면체 한 면 : 5cm 정사각형
- 풀칠하는 면 : 다각형(□), 무늬 모양 – 하향 대각선
- 글맵시 스타일 : 채우기 – 밤색 그러데이션, 연황토색 그림자, 아래로 넓은 원통 모양
- 글맵시 글꼴 : HY동녘 B

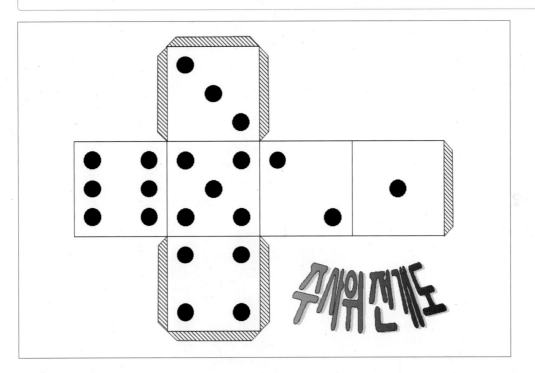

 다각형을 그릴 때는 꼭짓점 부분에서 클릭해야 합니다. 만약 삼각형을 그리고 싶다면 [입력] 탭–[다각형(□)]을 선택하고 시작점을 클릭합니다. 마우스를 이동하여 선을 그리고 꼭짓점 부분에서 클릭한 후 다시 마우스를 이동하여 삼각형 모양을 그리고 꼭짓점 부분에서 클릭합니다. 마지막으로 시작점을 클릭하면 삼각형이 완성됩니다.

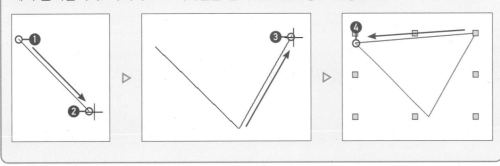

02 문제 **01**에서 만든 문서를 '주사위.hwp'로 저장해 봅니다.

03 다음과 같이 도형을 그린 후 사진을 삽입해 꾸며 봅니다.

준비파일 스키.jpg, 사진배경.jpg

- **집 용지** : 용지 종류 – A5(국판), 용지 방향 – 가로
  - 용지 여백 : 위쪽, 아래쪽 – 15mm, 왼쪽, 오른쪽 – 20mm, 머리말, 꼬리말 – 0mm
- **둥근 직사각형** : 선 색 – 오피스 테마의 '남색(RGB: 51,51,153)'
  사각형 모서리 곡률 – 둥근 모양
- **직사각형** : 선 색 – 오피스 테마의 '남색(RGB: 51,51,153)', 선 종류 – 점선
- **다각형** : 채우기 색 – 오피스 테마의 '초록(RGB: 0,128,0) 90% 밝게'
- **글맵시** : 스타일 – 진초록색 그러데이션, 회색 그림자, 위로 계단식 모양
  글꼴 – 한컴 쿨재즈 B
- **쪽 테두리/배경** : 사진배경.jpg

04 문제 **03**에서 만든 문서를 '사진앨범.hwp'로 저장해 봅니다.

10 신문 만들기

- 스크린 샷 넣기
- 머리말 넣기
- 문단 첫 글자 장식

■ 준비파일 : 신문기사.hwp, 축제01.jpg~축제05.jpg
■ 완성파일 : 여행일보.hwp

미/리/보/기

이번 장에서는 스크린 샷에 대해 알아보고 신문을 만들어 보겠습니다. 신문을 만들며 단 나누기와 머리말, 쪽 번호 매기기에 대해 자세히 알아보고 컴퓨터 화면을 캡처해 한글 문서에 삽입하는 방법도 배워 봅니다.

스크린 샷에 대해 알아보기

▶ 스크린 샷이란?

스크린 샷(Screen Shot, 규범 표기는 '스크린 숏')이란 컴퓨터 화면에 보이는 그대로를 찍어 그래픽 파일로 저장하는 것을 말합니다.

▶ 스크린 샷으로 화면 캡처하기

캡처할 화면을 배경 화면에 띄워 놓고 [입력] 탭-[스크린 샷(◙)]을 클릭합니다. [스크린 샷] 대화상자에서 스크린 샷을 선택하고 [넣기] 버튼을 클릭하면 바로 한글의 편집 창에 삽입됩니다. 삽입된 그림의 크기 조절점을 조절하여 배치합니다.

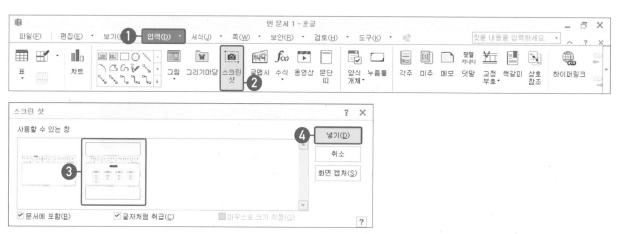

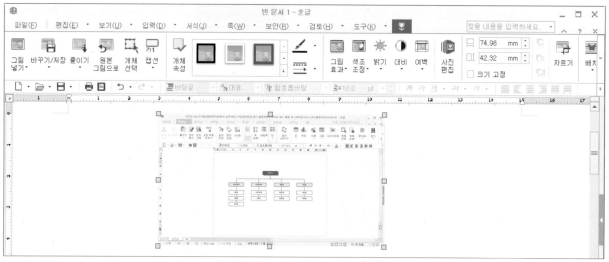

원하는 부분만 캡처하기

[입력] 탭-[스크린 샷(◙)]을 클릭한 후 [스크린 샷] 대화상자에서 스크린 샷을 선택하고 [화면 캡처] 버튼을 클릭하면 원하는 부분만 드래그하여 캡처할 수 있습니다.

▶ [스크린 샷] 대화상자

❶ **사용할 수 있는 창** : 문서에 삽입할 스크린 샷을 선택할 수 있습니다.

❷ **문서에 포함** : [사용할 수 있는 창]에서 선택한 스크린 샷을 문서에 포함하여 삽입합니다.

❸ **글자처럼 취급** : 문서에 삽입할 스크린 샷에 [글자처럼 취급] 속성을 추가합니다.

❹ **마우스로 크기 지정** : 스크린 샷을 문서에 삽입할 때 원하는 위치에 크기를 지정하여 스크린 샷을 삽입할 수 있습니다. [글자처럼 취급]에 체크하면 [마우스로 크기 지정] 기능이 비활성화됩니다.

❺ **넣기** : [사용할 수 있는 창]에서 선택한 스크린 샷을 문서에 넣습니다.

❻ **취소** : 스크린 샷을 문서에 넣지 않고 대화상자를 닫습니다.

❼ **화면 캡처** : 사용자가 직접 화면을 캡처하는 기능으로 드래그하여 캡처할 화면의 영역을 선택합니다.

▶ 사용할 도구 알아보기

도구	설명
▦ (다단 설정 나누기)	한 쪽에 여러 개의 단 모양을 만듭니다.
▥ (단 나누기)	클릭한 위치부터 단을 새로 나눕니다.
▤ (머리말)	머리말을 지정합니다.
▣ (스크린 샷)	실행 중인 프로그램의 화면을 캡처한 후 문서에 스크린 샷을 삽입합니다.
⊡ (쪽 번호 매기기)	쪽 번호를 삽입합니다.

▶ 다단 만들기

01 준비파일을 불러오기 위해 서식 도구 상자에서 [불러오기(📂)]를 클릭합니다. [불러오기] 대화상자에서 파일의 경로를 설정한 후 '신문기사.hwp'를 선택하고 [열기] 버튼을 클릭합니다.

02 [쪽] 탭-[편집 용지(📄)]를 클릭합니다.

03 [편집 용지] 대화상자의 [기본] 탭에서 [용지 여백]의 [위쪽], [왼쪽], [오른쪽]은 '20mm', [아래쪽]은 '10mm', [머리말]은 '35mm', [꼬리말]은 '15mm'로 설정하고 [설정] 버튼을 클릭합니다.

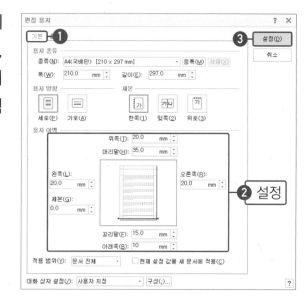

04 가장 첫 문장의 앞을 클릭하고 [쪽] 탭–[단( )]–[둘]을 클릭합니다.

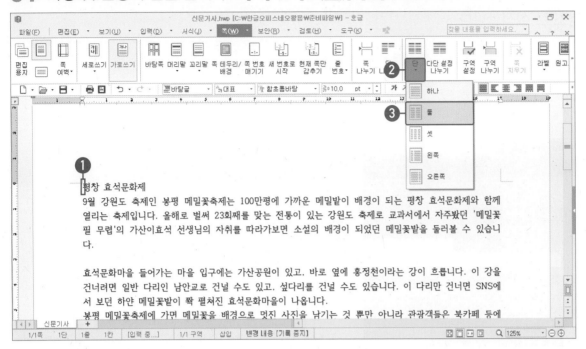

05 구분선을 넣기 위해 [쪽] 탭–[다단 설정( )]을 클릭합니다. [단 설정] 대화상자에서 '구분선 넣기'에 체크한 후 [종류]는 '점선'으로 설정하고 [설정] 버튼을 클릭합니다.

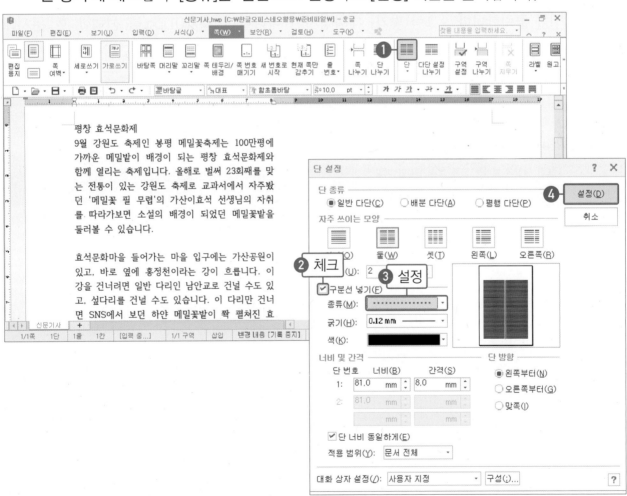

06 Ctrl + A 키를 눌러 글 전체를 블록으로 지정한 후 서식 도구 상자에서 [글꼴]을 '신명 신문명조'로 설정합니다.

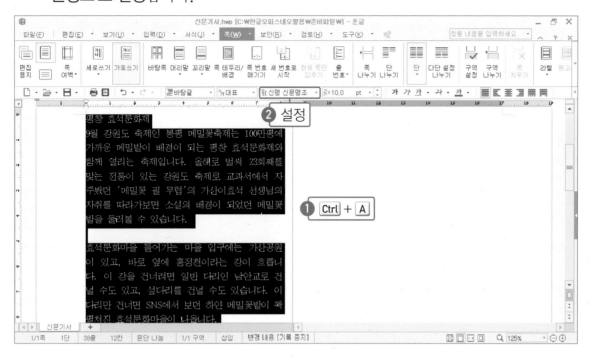

07 '다음은'으로 시작하는 문단 앞을 클릭하고 그림을 삽입하기 위해 [입력] 탭–[그림(그림)]–[그림]을 클릭합니다. [그림 넣기] 대화상자가 나타나면 '축제01.jpg'를 선택한 후 '문서에 포함', '글자처럼 취급'에 체크하고 [넣기] 버튼을 클릭합니다.

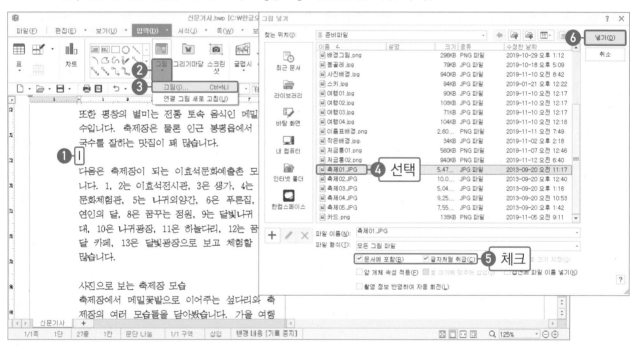

08 다시 하나의 단으로 변경하기 위해 '다음은' 앞을 클릭하고 [쪽] 탭–[다단 설정 나누기]를 클릭한 후 [단(단)]–[하나]를 클릭합니다.

09 두 개의 단과 하나의 단 모양으로 구성되었습니다.

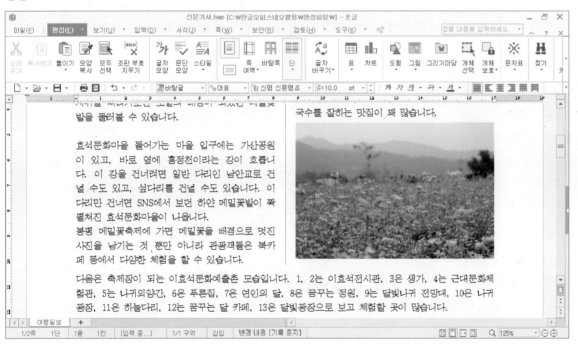

▶ 스크린 샷 넣기

01 마이크로소프트 엣지()를 실행한 후 네이버(www.naver.com)에 접속합니다. 검색어 입력란에 '이효석문학관'을 입력한 후 🔍를 클릭하여 검색하고 [홈페이지]를 클릭합니다.

02 상단 메뉴의 [공간구성]-[효석달빛언덕]을 클릭하여 전시관안내 페이지를 엽니다.

03 전시관안내 페이지의 지도를 캡처하기 위해 **스크롤을 아래로 드래그하여 위치를 조정합**니다.

04 한글 문서로 돌아와 '사진으로'로 시작하는 문단 위를 클릭하고 [입력] 탭–[스크린 샷(📷)] 을 클릭합니다. [스크린 샷] 대화상자에서 전시관안내 페이지를 선택하고 '문서에 포함'과 '글자처럼 취급'에 체크한 후 [화면 캡처] 버튼을 클릭합니다.

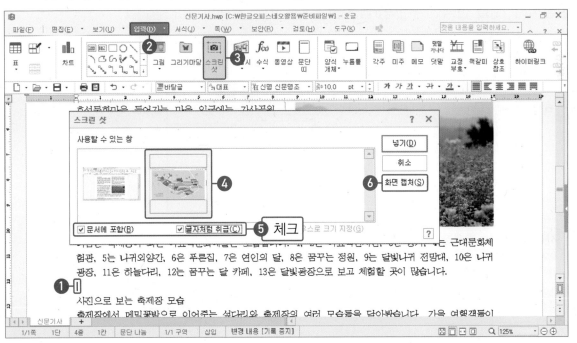

05 마우스 포인터 모양이 십자 모양일 때 **지도 부분만 드래그**하여 선택한 후 손을 뗍니다.

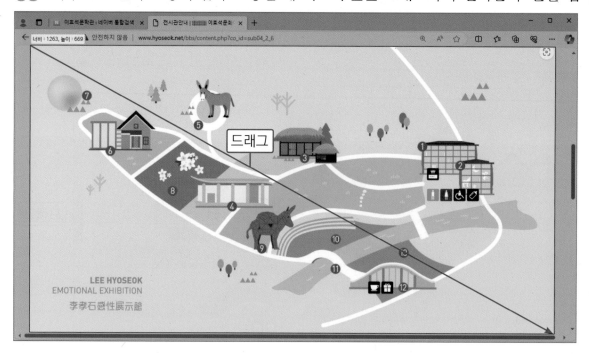

▶ 문단 첫 글자 장식하기

01 신문 제목인 1쪽의 '평창 효석문화제'와 2쪽의 '사진으로 보는 축제장 모습'을 드래그한 후 [글자 크기]는 '13pt', [진하게(깨)]로 설정합니다. 맨 아래에 본인의 이름을 입력하고 [오른쪽 정렬(≡)]을 클릭합니다. 다시 단을 둘로 나누기 위해 '사진' 앞을 클릭하고 [쪽] 탭-[다단 설정 나누기]를 선택한 후 [쪽] 탭-[단(단)]-[둘]을 클릭합니다

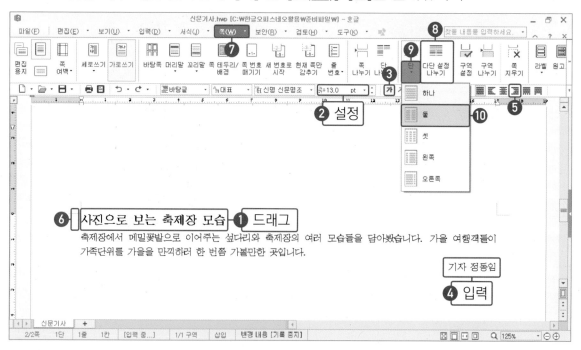

02 단을 설정하기 위해 [쪽] 탭–[다단 설정(▤)]을 클릭합니다. [단 설정] 대화상자에서 '구분선 넣기'에 체크하고 [종류]는 '점선'으로 설정한 후 [설정] 버튼을 클릭합니다.

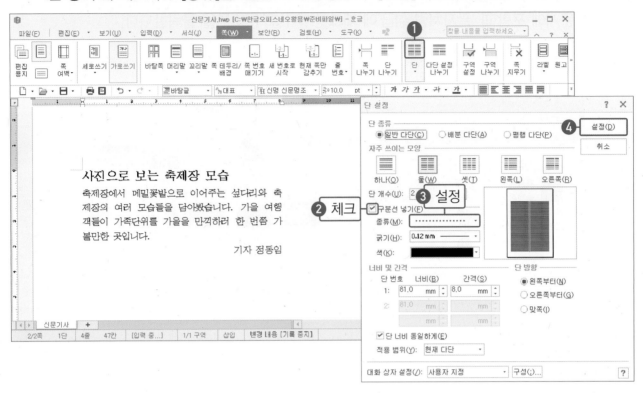

03 '곳입니다.' 뒤를 클릭하고 [서식] 탭의 ▼에서 [문단 첫 글자 장식]을 클릭합니다. [문단 첫 글자 장식] 대화상자가 나타나면 [모양]은 [2줄(▤)]로, [글꼴/테두리]에서 [선 종류]는 '실선', [면 색]은 오피스 테마의 '주황(RGB: 255,102,0)'으로 설정하고 [설정] 버튼을 클릭합니다.

04 신문에 사진을 넣기 위해 '곳입니다.' 뒤를 클릭하고 [입력] 탭-[그림(🖼)]을 클릭합니다. [그림 넣기] 대화상자가 나타나면 '축제02.jpg∼축제05.jpg' 파일을 Ctrl 키를 눌러 클릭하고 '문서에 포함'과 '글자처럼 취급'에 체크한 후 [넣기] 버튼을 클릭합니다.

05 사진 아래 다음과 같이 '섶다리', '직접 면을 뽑아서 체험할 수 있는 메밀 국수', '느린 우체통 체험', '떡 만들기 체험'을 입력합니다.

▶ 머리말 넣기

01 머리말을 작성하기 위해 1쪽에 '평창' 앞을 클릭하고 [쪽] 탭–[머리말(▤)]을 선택한 후 [머리말/꼬리말]을 클릭합니다. [머리말/꼬리말] 대화상자가 나타나면 [종류]는 '머리말', [위치]는 '양 쪽'으로 선택하고 [만들기] 버튼을 클릭합니다.

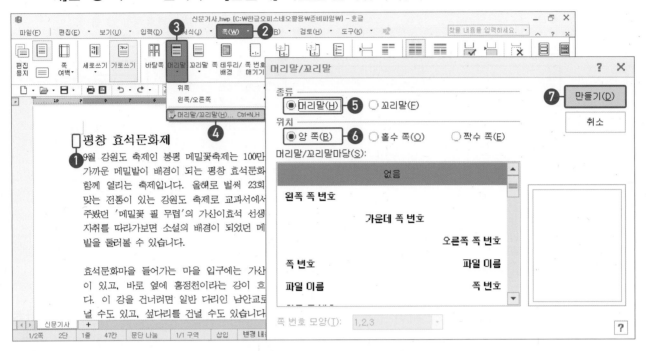

 머리말과 꼬리말
머리말과 꼬리말은 문서의 윗부분이나 아랫부분에 동일한 형식의 내용이 반복적으로 표시되는 기능입니다. 머리말에는 보통 제목이나 글의 목적을, 꼬리말에는 쪽 번호 등을 입력합니다.

02 머리말 입력 화면이 나타나면 [편집] 탭–[표(▦)]를 클릭하고 표 상자에서 드래그하여 '1줄×3칸'으로 설정합니다.

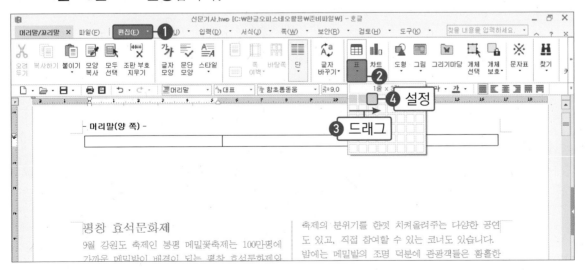

03 각 칸에 다음과 같이 입력한 후 '발행호' 앞을 클릭하고 [편집] 탭-[문자표(문자표)]에서 [문자표]를 클릭합니다.

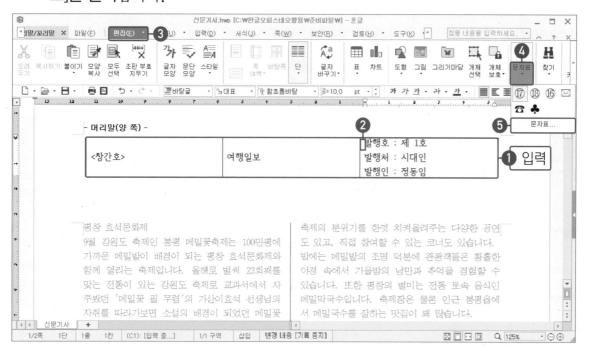

04 [문자표 입력] 대화상자가 나타나면 [흔글(HNC) 문자표] 탭에서 [문자 영역]은 '전각 기호(일반)'을 선택하고 [문자 선택]에서 '■'를 선택한 후 [넣기] 버튼을 클릭합니다.

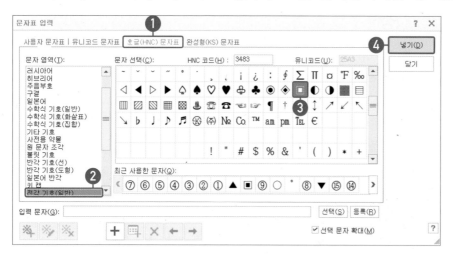

05 '■'가 입력되면 [Space Bar] 키를 눌러 간격을 벌린 후 '발행처'와 '발행인' 앞에도 '■'를 입력합니다. 첫 번째 칸과 두 번째 칸을 드래그하여 블록으로 지정한 후 [가운데 정렬(≡)]을 클릭합니다.

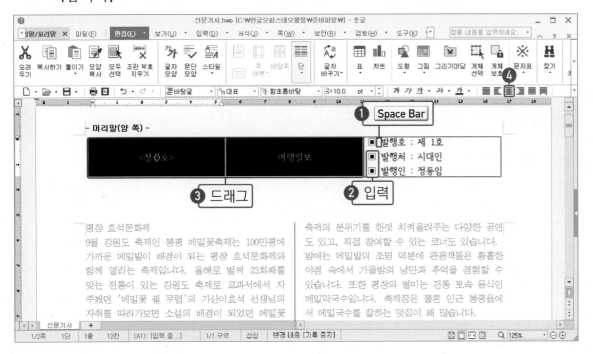

06 두 번째 칸을 클릭하여 블록으로 지정한 후 서식 도구 상자에서 [글꼴]은 '한컴 윤고딕 230', [글자 크기]는 '32pt'로 설정하고 [글자 색]은 오피스 테마의 '남색(RGB: 51,51,153)'으로 선택합니다.

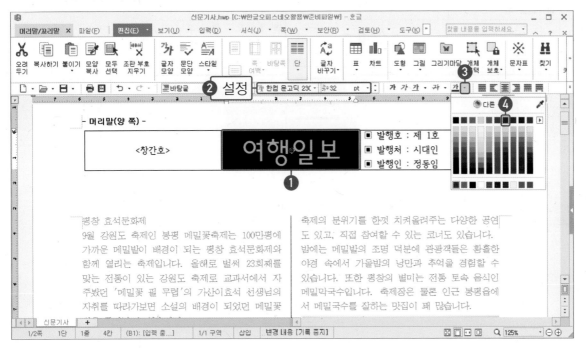

07 [입력] 탭에서 [직선(◥)]을 선택한 후 표 아래에 드래그하여 직선을 그립니다.

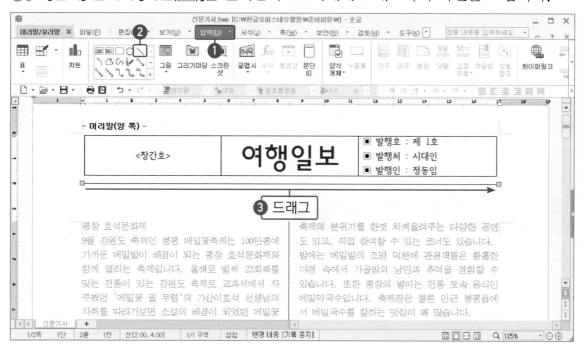

08 [도형(▨)] 탭-[선 스타일(▤)]-[선 종류]에서 '얇고 굵은 이중선'을 선택합니다.

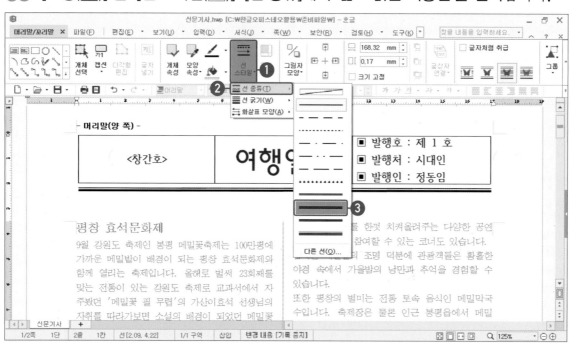

09 [도형(📊)] 탭–[가로 글상자(📧)]를 클릭하고 직선 아래에 드래그하여 그립니다. 서식 도구 상자에서 [글꼴]은 '맑은 고딕', [진하게(**가**)]로 설정한 후 왼쪽에 'NEWSPAPER'를 입력하고 오른쪽에는 발행 날짜를 입력합니다.

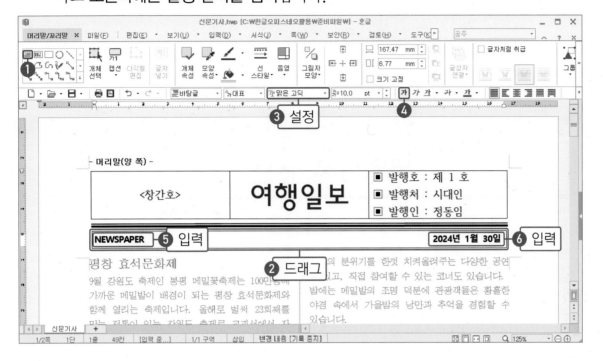

10 [도형(📊)] 탭–[선 스타일(📧)]–[선 종류]–[선 없음]을 클릭하여 글상자의 선을 없애 줍니다.

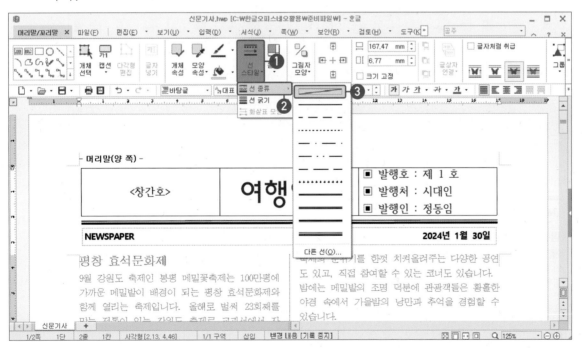

11 [머리말/꼬리말] 탭-[머리말/꼬리말 닫기(⬛)]를 클릭하여 본문 편집 화면으로 돌아갑니다.

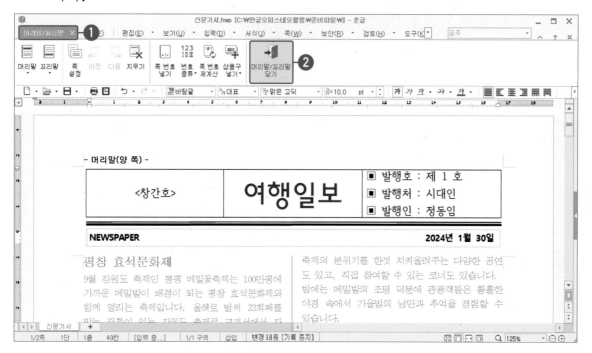

▶ 쪽 번호 매기기

01 쪽 번호를 매기기 위해 [쪽] 탭-[쪽 번호 매기기(⬛)]를 클릭합니다.

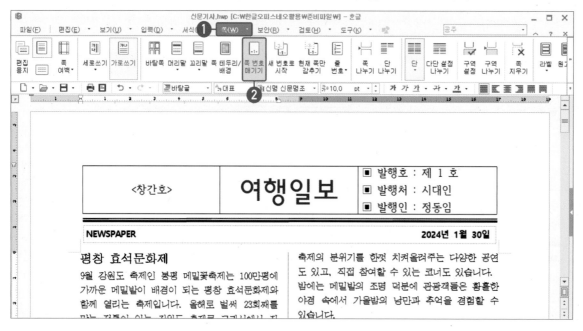

 현재 쪽만 감추기와 새 번호로 시작하기

• 현재 쪽의 번호를 감추고 싶다면 [쪽] 탭-[현재 쪽만 감추기(⬛)]를 클릭하고 [감추기] 대화상자의 [감출 내용]에서 '쪽 번호'를 선택합니다.

• 새 번호를 매기고 싶다면 먼저 앞 쪽의 쪽 번호를 감추고 다음 쪽으로 넘어가 [쪽] 탭-[새 번호로 시작(⬛)]을 클릭합니다. [새 번호로 시작] 대화상자의 [번호 종류]를 '쪽 번호'로 선택하고 시작 번호를 '1'로 설정합니다.

02 [번호 위치]에서 '가운데 아래쪽'을 선택하고 [번호 모양]은 '1, 2, 3'으로 설정, '줄표 넣기'에 체크한 후 [넣기] 버튼을 클릭합니다.

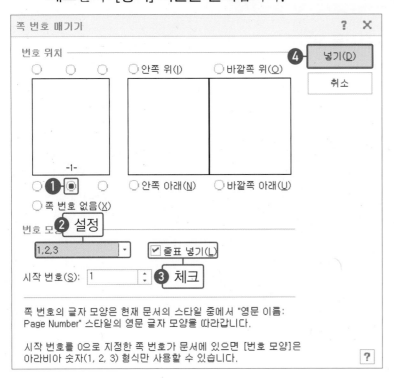

03 쪽 가운데 아래에 쪽 번호가 매겨졌습니다. 화면 하단의 [쪽 맞춤(▣)]을 클릭하여 전체 머리말과 쪽 번호를 확인합니다.

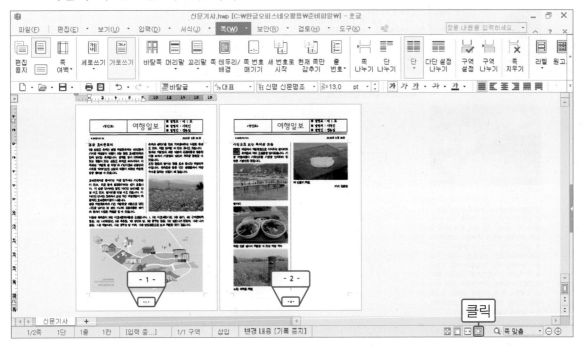

04 서식 도구 상자에서 [저장하기(📁▾)]의 ▾를 클릭한 후 [다른 이름으로 저장하기]를 선택하고 '여행일보.hwp'라는 파일 이름으로 저장합니다.

응용력 키우기

01 '소개글.hwp'를 불러와 다음과 같이 문서를 꾸미고 '광장소개글.hwp'로 저장해 봅니다.

준비파일 소개글.hwp

- **편집 용지** : 위쪽, 머리말 – 20mm, 아래쪽 – 15mm, 꼬리말 – 10mm
- **단의 구분선** : 종류 – 원형 점선, 선 색 – 오피스 테마의 '초록(RGB: 0,128,0)'
- **제목글** : 맑은 고딕, 12pt, 진하게
- **본문** : 맑은 고딕, 10pt
- **스크린 샷** : 광화문광장(gwanghwamun.seoul.go.kr) 사이트 – 광장소개 – 광장 시설안내 – 세종 · 이순신동상에서 '세종대왕동상', '명량분수' 캡처
- **글맵시 스타일** : 채우기 – 초록색 / 진한 청록색 그러데이션, 남색 그림자, 아래로 넓은 원통 모양
- **꼬리말** : 머리말/꼬리말마당 – [가운데 쪽 번호]
- **쪽 번호 모양** : 1, 2, 3

광장 소개

◆ 위치 : 광화문에서 세종로사거리와 청계광장으로 이어지는 세종로 중앙
◆ 규모 : 18,840㎡
◆ 개방 시간 : 도심 열린 광장으로 연중 24시간 상시 개방

세종대왕 동상

명량분수

세종문화회관 앞에는 창의와 실용의 정신으로 문화강국을 이루자는 뜻으로 높이 6.2m, 폭4.3m에 4.2m의 기단 위의 무게 20톤 규모의 세종대왕 동상이 세워졌고 세종이야기 등 상설전시장이 마련되어 있습니다. 세종문화회관과 이순신 장군동상 사이의 '시민들이 참여하는 광장 중앙에는 미술, 조형미술 등 다양한 전시공간으로 이용되고 해치마당에는 이용객을 위한 아리수 샘터, 안내소, 기념품점 등 편의시설과 전시장, 엘리베이터, 만남과 약속의 장소 등 문화갤러리 등이 들어서 있습니다.

이순신 장군동상은 세종로의 상징이자 도시경관축의 중심지로서 상징성을 나타내며 사프분수(동상좌우), 명량분수(동상전면), 동수경시설이 설치되어있습니다. 세종로사거리와 청계광장 사이의 '청계천 연결부'는 청계천과 경복궁을 연결하는 보행 네트워크의 연결 축으로 조성되었습니다.

이밖에 지하철 경복궁역과 광화문역에서 발생하는 지하 용출수를 청계천으로 흘려보내는 '역사물길이 조성되었고, 이순신 장군동상 뒤편에 지상과 광화문역을 연결하여 시민들이 쉽게 광장을 오갈 수 있도록 '해치마당'이 조성되었습니다. 상시광장 외에는 왕복 10차선의 차도부와 보도부로 이용하다가 행사 규모에 맞게 교통통제를 실시하여 중규모 행사 때는 너비 67m, 대규모 행사 때는 너비 100m까지 넓어졌습니다.

1

02 문제 **01**에서 만든 문서를 '광장소개글.pdf'로 저장해 봅니다.

03 마이크로소프트 엣지에서 네이버 뉴스(news.naver.com)에 접속한 후 뉴스를 참고하여 직접 신문을 만들고 '신문 만들기.hwp'로 저장해 봅니다.

시대일보

NEWSPAPER　　　　　　　　　　　　　　　　2024년 2월 23일

국세청도 집값 전쟁
아파트취득257명조사한다

대학생 김 모(23) 씨는 지난 6월 서울 강남의 한 아파트를 18억원에 샀다. 과세 당국엔 부모로부터 15억원을 "빌렸다"고 신고했다. 하지만 소득이 없는 김 씨에겐 갚을 의사도, 능력도 없었다. 부모가 '물려준(증여)' 돈이었기 때문이다. 국세청은 해당 아파트 거래를 차입을 가장한 편법 증여로 보고 세무조사에 착수했다.

국세청은 최근 국토교통부와 금융위원회·한국감정원·지방자치단체 등 '서울지역 관계기관 합동조사'를 거쳐 통보받은 탈세 의심자료와 최근 고가아파트 취득자에 대한 자금 출처를 전수 분석해 탈루 혐의를 포착, 세무조사에 착수했다고 23일 밝혔다.

12·16 부동산 대책에 이어 정부 부처가 부동산 시장을 전방위 압박하는 모양새다. 국세청은 구체적으로 부모 등 친인척으로부터 고액을 빌려 아파트를 취득했지만, 소득·재산 상태로 봤을

때 사실상 증여로 의심되거나 갚을 능력이 부족한 탈루 혐의자 101명, 강남 3구 등 고가 주택 취득자로서 자산·지출·소득을 분석한 결과 자금 출처가 불분명한 자와 소득 탈루 혐의자 156명 등 257명을 추려 세무조사에 들어갔다. 적발한 주요 사례는 아래와 같았다.

▲ 부동산 시장 정부 합동 현장점검반이 지난 10월 서울 강남구 대치동의 한 공인중개사무소에서 실거래 조사를 하고 있다. (연합뉴스)

1. 미성년자가 부모 돈으로 서울 강남의 20억 자금을 분산 증여받은 것으로 허위 신고했다.

2. 20대 초반 직장인이 서울 한남동의 고급 빌라 해 증여세를 탈루했다.

3. 식당을 운영하는 20대가 신고 소득이 적은데 소득을 누락했다.

4. 서울 전역에 수십 채 주택을 가진 임대업자가 소득 전액을 누락했다.

5. 주택임대 법인이 가족·친인척·직원 등 10여 당 누락했다.

시대일보

NEWSPAPER　　　　　　　　　　　　　　　　2024년 2월 23일

▲ 서울 송파구 아파트 단지 전경. (연합뉴스)

국세청이 관계기관 합동조사 결과를 분석했더니 탈세 의심자 531명의 주택 취득금액 5124억원 중 자기 자금이 1571억 원, 차입금(부채)이 3553억 원으로 나타났다. 차입금 비중이 69%에

달했다. 국세청은 부모 등 친인척 간 차입금에 대해 차입금을 가장한 편법 증여에 해당하는지 따지고, 자력으로 원리금을 상환하는지 부채 전액을 상환할 때까지 검증할 계획이다. 특히 부모에게 빌린 돈의 경우 적정 이자(이자율 연 4.6%)를 지급하는지, 본인 소득은 부채를 갚는 데 쓰면서 생활비는 부모가 지출하는지까지 꼼꼼히 따지기로 했다.

앞서 국세청은 2017년 8월 이후 부동산·금융자산 등 변칙증여 혐의에 대해 8차례에 걸쳐 2452명을 조사, 탈루세액 4398억 원을 추징했다. 향후엔 고가 주택 취득자뿐 아니라 차상위 가격 주택 취득자와 지방 과열지역에 대한 분석을 확대할 계획이다.

노정석 국세청 자산과세국장은 "서울을 비롯한 일부 지역 아파트값이 오르면서 아파트 취득 과정에서 불법 거래 가능성이 커졌다"며 "고가 주택 취득자의 자금 출처를 전수 분석하고 탈루 혐의자는 예외 없이 세무조사하겠다"고 말했다.

▲노정석 국세청 자산과세국장이 23일 세종시 정부세종2청사에서 고가주택 취득자 등 257명 자금출처 세무조사 착수와 관련한 브리핑을 하고 있다. 사진:연합뉴스

할 수 있다!
한글 NEO 활용

초 판 발 행	2024년 02월 14일
발 행 인	박영일
책 임 편 집	이해욱
저 자	정동임
편 집 진 행	정민아
표 지 디 자 인	김도연
편 집 디 자 인	김지현, 김세연
발 행 처	시대인
공 급 처	(주)시대고시기획
출 판 등 록	제 10-1521호
주 소	서울시 마포구 큰우물로 75 [도화동 538 성지 B/D] 6F
전 화	1600-3600
홈 페 이 지	www.sdedu.co.kr

I S B N	979-11-383-6581-9(13000)
정 가	12,000원

시대인은 종합교육그룹 (주)시대고시기획·시대교육의 단행본 브랜드입니다.